나답게
살고 싶어서

나도 모르게
내 삶을 결정하는
24가지 뇌의 습관

이케가야 유지 지음 · 김현정 옮김

뇌과학을
읽습니다

KB208177

포레스트북스

더 나은 삶을 위한
공부를 시작합니다

1등을 하면 기분이 끝내줍니다. 과학계에 종사하면서 그 정도의 희열을 느끼는 순간은 누가 뭐래도 새로운 발견을 했을 때이겠지요. 아직 아무도 발견하지 못한 사실을 가장 처음 만나는 순간의 그 짜릿한 쾌감이란 말로 표현하기 힘들 정도입니다. 물론 이 쾌감은 과학에만 국한된 것이 아닙니다. 운동회든 시험이든 1등을 하면 당연히 기분이 좋은 법이니까요.

잠깐, 1등은 선택받은 자만 누리는 것 아니냐고요? 하지만 우리는 모두 1등을 한 경험이 있습니다. 아주 어렸을 때 일이라 기억나지 않을지도 모릅니다. 우리는 모두 태어나기 훨씬 전 아직 정자에 불과할 때 열심히 헤엄쳐서 1등을 한 결과로 인간으로 태어나, 인간으로 자라, 인간으로 살아가는 운명을 만났습니다.

나답게
살고 싶어서

뇌과학을
읽습니다

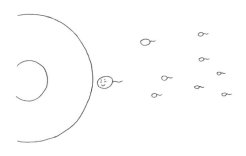

● 우리는 모두 1등을 한 결과로 태어났다

인간은 자신이 인간임을 자각함으로써 더욱 인간다워집니다. 사회에서 이리저리 부대끼면서 인간이 됩니다. 그리고 인간답게 죽습니다. 대학에서 교수로 있다 보면 학생들에게 종종 "인간으로 살아가는 것의 의미는 뭘까요?"라는 질문을 받습니다. 저는 그때마다 이렇게 대답합니다.

"그 의미를 찾는 과정이야말로 인간으로 살아가는 의미이지 않을까요?"

인생의 목적은 사람마다 다릅니다. 사실 의미나 목적 따위는 애초에 없을지도 모르죠. 다만, 평생에 걸쳐 삶의 의미를 찾는 과정은 누구나 겪는 숙명입니다.

프랑스의 철학자 블레즈 파스칼Blaise Pascal은 인간을 '생각하는 갈대'에 비유했지만 생각은 개나 원숭이도 합니다. 인간에게만 주어진 능력이라면 의미에 대해 질문을 던지는 '의문력疑問力'이 아닐까요? 그러므로 저는 어차피 한 번 태어난 인생, 아무리 슬프고 힘들어도 인간으로 살아갈 운명이라면 신나게 계속 질문을 던졌으면 좋겠습니다. 감탄해도 좋고 염세적이어도 좋고 고뇌해도 좋습니다. 단, 항상 긍정적인 자세와 미소는 잃지 않길 바랍니다. 우리의 삶은 1등을 해서 얻어 낸 것이니까요.

이 책 역시 그러한 마음으로 썼습니다. 늘 그랬듯이 시간을 두고 무엇 하나 빠지지 않도록 꼼꼼하게 작업했습니다. 그래서 이 책은 아주 다양한 주제를 다루고 있지요. 어쩌면 너무 정보가 많아 이 책이 대체 무얼 말하려 하는지 모호하게 느껴질지도 모릅니다. 짤막한 이야기들을 모은 책이지만, 기본적인 흐름 자체는 일관성 있게 유지되고 있으니 마지막으로 갈수록 개별적인 주제들이 하나로 모이는 느낌을 받을 것입니다. 그리고 원래 이야기는 또 중간중간 삼천포로 빠져야 재미있잖아요?

저는 언제나 뇌과학의 시점에서 '좀 더 나은 삶이란 무엇인가'를 생각합니다. 즐겁고 신나게 살아가기 위해 뇌과학이 조금이나마 도움이 될 수 있다면 저자로서, 그리고 뇌 연구자로서 그보다 행복한 일은 없을 것입니다.

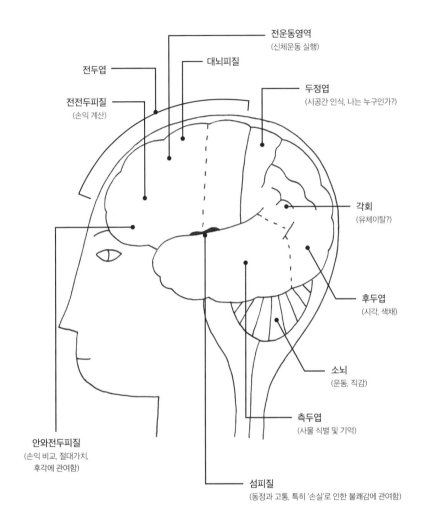

전운동영역
(신체운동 실행)

대뇌피질

전두엽

두정엽
(시공간 인식, 나는 누구인가?)

전전두피질
(손익 계산)

각회
(유체이탈?)

후두엽
(시각, 색채)

소뇌
(운동, 직감)

측두엽
(사물 식별 및 기억)

안와전두피질
(손익 비교, 절대가치,
후각에 관여함)

섬피질
(동정과 고통, 특히 '손실'로 인한 불쾌감에 관여함)

● 이 책에 자주 등장하는 뇌 부위 ①

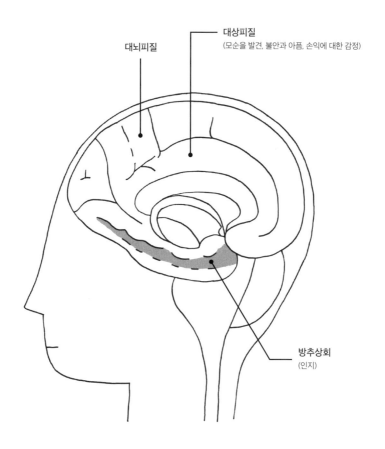

대뇌피질

대상피질
(모순을 발견, 불안과 아픔, 손익에 대한 감정)

방추상회
(인지)

● 이 책에 자주 등장하는 뇌 부위 ②

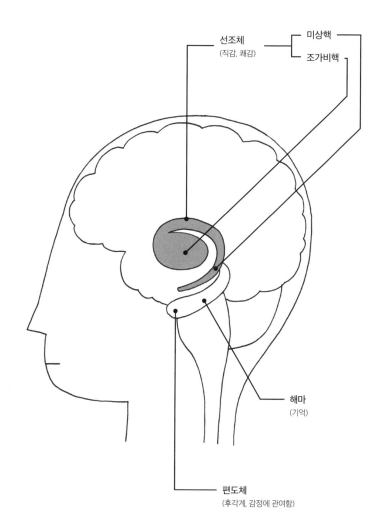

선조체
(직감, 쾌감)

미상핵

조가비핵

해마
(기억)

편도체
(후각계, 감정에 관여함)

● 이 책에 자주 등장하는 뇌 부위 ③

· 차례 ·

생각을 조종하는
뇌의 비밀

PART

2

내 마음대로?
뇌 마음대로!

PART

3

뇌를
내 편으로 만들기

나답게 살고 싶어서
뇌과학을 읽습니다

PART
1

생각을 조종하는
뇌의 비밀

우리의 마음과 행동은
조종당하고 있다

• 자유가 불편한 뇌 •

인간의 행동은 어디까지 자유로울 수 있을까요? 우리는 매우 자유롭게 행동한다고 생각하지만, 사실 알고 보면 본인조차 알아차리지 못한 행동 습관 때문에 자기도 모르게 틀에 박힌 활동 패턴을 보입니다.

노스이스턴대학교의 알버트 라즐로 바라바시 Albert-László Barabási 박사팀이 진행한 아주 충격적인 연구를 살펴봅시다. 바라바시 박사팀이 주목한 것은 휴대전화입니다. 통신사에는 사용자가 언제 어디에 머물렀는지에 대한 상세한 데이터가 보관되어 있습니다.

연구팀은 5만 명의 휴대전화 사용 이력을 3개월에 걸쳐 조사하여 사람들 개개인의 이동 엔트로피를 산출했습니다. 엔트로피^{entropy}란 무질서한 정도를 나타내는 척도입니다.

조사 결과 엔트로피는 겨우 0.8비트에 불과했습니다. 즉 어느 곳에 있는지에 대한 불확실성이 1.74(=2의 0.8제곱)로 놀라우리만큼 낮은 것입니다. 즉, 평소의 행동 패턴을 알면 이 사람이 어디에 있을지 평균 두 곳 이내로 좁힐 수 있다는 뜻입니다.

다음으로 연구팀은 파노 부등식 계수^{Fano's inequality coefficient}를 계산했습니다. 파노 부등식 계수란 인간의 이동 패턴을 정확히 예측하는 확률을 말합니다. 그런데 무려 평균 93%라는 수치가 나왔습니다. 불규칙한 생활 패턴을 보이는 사람들조차 80% 밑으로 떨어지지 않았습니다. 즉, 우리의 행동은 80% 이상 정해진 습관에 따른다는 것입니다.

바라바시 박사팀은 다음과 같은 결론으로 논문을 마무리했습니다.

"인간은 변화와 자발성을 간절히 원하지만, 생활 패턴은 강한 규칙성에 얽매여 있다"

인간이 가진 사고의 함정

그렇다면 자유의지란 대체 무엇일까요? 저는 의지가 뇌에서 만들어지는 것이 아니라 주위 환경과 신체 상황에 따라 결정된다고 생각합니다. 그리고 이러한 생각은 앞으로 책에서 소개할 뇌 이야기 속에 녹아 있습니다. 좀 더 자세히 설명해 보겠습니다.

예를 들어, "갖고 싶은 물건을 손가락으로 가리켜 주세요"라고 하면 오른손잡이인 사람은 아마 오른손가락으로 가리킬 것입니다. 이때 왼손과 오른손 중 어느 손으로 가리킬지는 자유이니 '본인의 의지'로 오른손을 선택했다고도 할 수 있습니다.

그러나 이 선택이 정말로 '의지'에 의한 것일까요? 이는 습관에 의한 것이지 의지에 의한 것이라 보기는 어렵습니다. 그래서 다음에는 "왼손과 오른손 중 하나를 선택해 가리켜 주세요"라고 부탁했습니다. 그러니 이번에는 오른손을 사용하는 비율이 60%로 줄었습니다. 이 변화는 '의지'에 의한 것일까요? 이것 역시 부탁을 받기 때문에 일어난 변화이므로, 외부 음성에 대한 단순한 '반사'라 해석할 수 있습니다. 제가 반사라는 표현을 사용하는 이유는 오른손 사용률이 감소한 것이 의도적으로 사용하지 않아서라기보다 부탁을 받았기에 나오는 자동적인 반응이라 생각하기 때문입니다.

단, 여기서 말하는 '반사'란 고전적인 의미의 '반사'가 아니라는 점을 주의해야 합니다. 척추반사 같은 단순한 반응뿐 아니라, 그 상황에서 야기되는 한정적이고 자동적인 반응 전반을 뜻한다는 넓은 의미에서 '반사'라는 단어를 사용했습니다.

그래서 경험에 의해 반사 방식이 바뀌는 일은 충분히 있을 수 있습니다. 아니, 오히려 변화 방향이 주위에서 봤을 때 바람직하다고 느낄 경우, 사람들은 이를 반기며 편의상 '학습'이나 '성장'으로 표현합니다. 이 부분은 나중에 자세히 설명하겠습니다.

앞서 소개한 실험에서 주목해야 할 점은 본인은 어디까지나 '내 의지로 왼손을 선택했다'라고 확신하고 있다는 것입니다. 그러므로 당사자는 '자유가 있었다'라고 느낍니다. 정말로 이 변화가 '반사'일 뿐 '의지'가 아니라면, '이건 내 의지였다'라는 느낌은 대체 어디에서 오는 걸까요?

하버드대학교의 알바로 파스쿠알 레오네[Alvaro Pascual-Leone] 박사팀은 이 실험이 진행되는 동안 경두개자기자극법[TMS]을 사용해 두개골 외부에서 우뇌에 자기자극을 주었습니다. 그랬더니 오른손을 선택하는 비율이 60%에서 20%까지 떨어지고, 왼손을 많이 사용하게 되었습니다. 당사자는 자극을 받았다는 사실을 모른 채 어디까지나 '내 의지로 왼손을 선택했다'고 굳게 믿고 있다는 점이 참 흥미롭더군요.

이러한 실험을 통해 알 수 있는 사실은 실제 행동의 대부분이 환경이나 자극 또는 평소 습관에 의해 결정된다는 것입니다. 이렇게 말하면 '설마 인간에게 자유의지가 없을 리가!', '내 결정이 단순한 반사라니 믿을 수 없어!'라며 불쾌함을 느끼는 분들도 계실지 모릅니다.

하지만 이 말은 꼭 드리고 싶습니다. 바로 그 감정조차도 그렇게 생각한 이상 이미 일종의 '반사'라고 말입니다. 왜냐하면, 다른 감정을 품을 자유가 있었을 테니까요. 제 의견에 긍정적인 반응을 보일 수 있었음에도 그러지 않았다는 건 역시 '사고 습관'이나 '환경적 요인' 때문이라고 봐야 합니다.

그런데도 우리는 '내가 판단했어', '내가 분석했어'라고 자신만만하게 착각합니다. 그 착각이야말로 인간이 가진 사고의 함정인 줄도 모르고 말이지요.

스스로 결정을 내렸다는 착각

편견이나 독단에 빠지지 않고 명쾌한 이론과 분석에 기초하여 공평하고 합리적으로 판단하는 것. 참으로 이상적인 규범적 행동입니다. 그런데 이것이 과연 인간에게 가능할까요?

가령 단순한 예로, 우리는 어떤 기준으로 점심 메뉴를 고를까요? 건강 상태, 어제 먹은 메뉴와의 중복 여부, 필요한 영양분, 제철 재료, 음식 가격과 주머니 사정, 맛과 품질 등 고려해야 할 기준은 끝이 없습니다. 그렇다면 대체 어디까지 고려해 결단해야 할까요?

모든 요인을 고려하는 것은 불가능합니다. 그렇기 때문에 합리적인 결정을 했다고 생각해도 '왠지 그냥'이라는 막연한 느낌이 앞서는 경우가 많습니다. 실제로는 개개인의 뇌에 심어진 '사고 습관'이 눈앞의 정보에 반응하고 해석하는 데에 편향적인 영향을 줬겠죠. 극단적으로 말하면 우리가 보이는 반응은 이미 정해져 있다고 말해도 과언이 아니라는 것입니다.

● 왜 그 메뉴를 주문했는가?

실제로 뇌를 자극하자 왼손을 사용하게 되었다는 실험 결과에 대해서도 '뇌가 자극에 어떻게 반응할지(왼손 사용이 증가하는 것)는 이미 정해져 있다'라고 해석할 수 있습니다. 역시 의지란 '내 힘으로 결정했어'라고 착각하는 일종의 환상이라고 말할 수밖에 없네요.

무의식 속의 내가 진짜 '나'이다

좀 더 일상적인 경우를 생각해 볼까요? 양손에 옷을 들고 "뭐가 더 나아?"라고 묻는 여성이 있습니다. 상대방의 센스를 시험하려는 걸까요? 연인이라면 옷가게에서, 부부라면 출근 전에 많이 볼 수 있는 상황입니다. 남자들은 대부분 이 질문에 어떻게 대답해야 할지 몰라 꽤 곤란해합니다.

친구에게 이런 말을 들은 적이 있습니다. 이 질문에 대한 최고의 대답은 "이미 마음속으로 다 정했으면서 뭘 물어"라며 여유 넘치는 미소로 받아치는 것이라고요. 이 말을 듣고 '오, 대단한데?'라며 감탄했는데, 이를 뒷받침하는 과학적 데이터가 실제로 나오고 있는 것을 보면 참 재미있더군요. 그런 일련의 연구들 가운데 제가 가장 놀란 것은 파도바대학교의 실비아 갈디Silvia Galdi 박사팀이 한 실험입니다.

갈디 박사팀에 의하면, 본인은 아직 결정을 못 내렸다고 생각해도 그 사람의 '자동연상'을 측정하면 이미 무엇으로 결정했는지 맞힐 수 있다고 합니다. 자동연상이란 사물과 언어에 대한 반사를 말합니다.

실험에서는 이탈리아의 소도시 비첸차에서 미군기지를 확장하는 정책에 관한 의견을 129명의 주민에게 물었습니다. 이 정책은 당시 언론에서도 열띤 찬반대립을 보인 화두였습니다.

실험은 다음과 같이 진행되었습니다. 눈앞에 있는 모니터에 다양한 영상과 단어가 뜨는데, 모니터에 뜬 단어가 '좋은 것'이면 왼쪽 버튼을 누르고 '나쁜 것'이면 오른쪽 버튼을 누르게 하는 것입니다. 이때 버튼은 최대한 빠르고 정확하게 눌러야 합니다.

모니터에는 좋고 나쁨이 명확한 단어(행운, 행복, 고통, 위험 등)와 함께 미군기지 관련 사진이 뜹니다. 그리고 이때 버튼을 누르기까지 걸리는 반응 시간과 판단 오류 빈도를 측정합니다.

실제로 버튼을 의식적으로 선택하기는 어렵습니다. 반사적으로 이루어지기 때문에 당연히 그 사람의 호불호가 그대로 드러날 수밖에 없습니다. 이것이 자동연상입니다. 미군기지에 대하여 그 사람이 가진 무의식적인 생각을 엿볼 수가 있지요.

그런 실험을 통해 사고의 연합 습관을 조사하면, 당사자가 '아직 찬반 결정을 내리기 어렵다'라고 느껴도 최종적으로 어느 쪽을 지지할지 사전에 높은 확률로 예측할 수 있습니다. 미군기지 사진을 봤을 때 어떻게 반사하는지를 보면 됩니다. 즉, 본인은 자각하지 못하지만 무의식 속에서는 이미 찬반에 대한 결정을 내렸다는 말이지요.

그런데 자동연상으로 나타나는 경향은 본인의 의식 영역에 존재하는 신념과는 거의 관련이 없었다는 것이 중요합니다. 다시 말해, 의식적으로는 미군기지 확장에 호의적이지만 잠재적으로는 반기지 않는 경우도 있다는 뜻입니다. 이럴 때는 보통 무의식이 내린 결정이 최종판단에 반영되었습니다.

● 의식과 무의식 중 무엇이 진짜 나인가?

때때로 의식과 무의식은 괴리를 보입니다. 그리고 무의식 속의 내가 진짜 '나'입니다. 여기서 중요한 점은 결단을 내린 후에 왜 미군기지 확장에 찬성했느냐고 물으면 "현재 이탈리아와 미국의 정치 상황과 외교를 생각했을 때……" 등과 같이 자신만만하게 이유를 만들어 낸다는 것입니다.

뉴스를 접했을 때 어떤 감정반응을 보일지는 그 사람의 지식과 과거 경험에 의해 이미 정해져 있는데, 누군가 이유를 물었을 때 "그냥 반사적으로 대답한 것이다"라고 말하는 사람은 아무도 없습니다. 인간은 자신이 한 행동의 의미를 무의식적으로 위조하는 습관이 있거든요.

머리가 좋다는 말의 진짜 의미

"인간은 스스로에 대해 무자각하다는 사실에 무자각하다."

버지니아대학교의 티모시 윌슨Timothy D. Wilson 박사가 한 말입니다. 우리는 자신의 마음이 어떻게 작동하는지를 직접 알 수 없습니다. 인간은 자기 자신에게 타인이기 때문이죠. 이러한 연구 성과가 나오면 나올수록 의식의 영역 속에 있는 나를 너무 과신하지 말고 겸허한 마음을 가져야겠다는 생각이 듭니다.

이와 동시에 지금 진지하게 고민하는 것이 있더라도 '어차피 무의식의 나는 결정을 내렸잖아?'라고 생각하면 마음이 한결 편해집니다. 애초에 우리에게 자유 따위는 없으니까요. 뇌라는 자동 판정 장치에 맡기면 되니 얼마나 편합니까? 물론 자동 판정 장치가 올바른 반사를 할지는 본인이 과거에 얼마나 좋은 경험을 했느냐에 달려 있습니다. 그래서 저는 '잘 사는 것'은 곧 '좋은 경험을 하는 것'을 의미한다고 생각합니다. 그래야 '좋은 습관'이 생길 테니까요.

'머리가 좋다'는 표현에는 다양한 의미가 포함되어 있어 일률적으로 정의하기는 어렵지만, 저는 '적확한 반사를 하는 능력이 있다'로 해석합니다. 그때그때 상황에 맞게 적절한 행동을 취할 수 있느냐를 보는 것입니다. 저는 곤경에 처해도 적절한 결단을 내림으로써 현명하게 헤쳐 나갈 수 있는 사람, 커뮤니케이션을 할 때 순간적인 판단으로 적절한 발언과 배려를 할 줄 아는 사람을 보면 '저 사람, 머리 좋네'라고 생각합니다. 이러한 적절한 행동은 그 당시의 환경과 과거의 경험이 융합되어 형성된 '반사'입니다.

그러므로 인간의 성장은 '반사력을 키우는' 것에 집약됩니다. 그리고 적확한 반사를 하려면 좋은 경험을 하는 수밖에 없습니다. 예를 들어, 골동품 감정사는 실물을 보기만 해도 이것이 진품인지 가품인지, 만약 진품이라면 예술적 가치가 어느 정도인지 순간적으로 파악할 수 있습니다. 거의 반사나 다름없지요. 진품 여부를 구별하는 능력은 경험이 필요합니다. 그간 얼마나 많은 물건을 봤는지, 얼마나 멋진 작품을 만났는지 등과 같은 귀한 경험은 무엇과도 바꿀 수 없는 소중한 자산이자 적절한 반사력을 키워 냅니다. 센스나 직감 등도 모두 경험의 산물입니다.

반대로 나쁜 반사 습관이 몸에 배면 좀처럼 되돌리기 힘듭니다. 처음부터 자기만의 방식으로 테니스나 골프를 치는 바람에 이상한 버릇이 생기면 나중에 제대로 훈련을 받아도 잘못된 자세나 버릇을 교정하기가 매우 힘든 것과 마찬가지이지요. 실제로 뇌가 작동하는 원리를 보면 신체 운동과 직감은 둘 다 절차기억에 해당합니다.

그래서 전 잘 살기 위해서는 좋은 경험이 최고라고 생각합니다. 이 문제에 대한 이해를 돕기 위해 지금부터 의지와 자유에 대해 좀 더 자세히 살펴보겠습니다.

뇌에게 자유란 무엇일까?

'의지'는 어디에서 생겨나는 것일까요? 다시 이 질문으로 돌아가 봅시다. 애초에 뇌는 '자유'를 무엇이라 생각할까요?

그런 철학적인 물음에 정면으로 도전하는 실험으로 독일 막스 플랑크 연구소의 존 딜런 헤인즈^{John-Dylan Haynes} 박사팀의 연구가 있습니다.

실험은 다음과 같은 순서로 진행됩니다. 일단 양손으로 손잡이를 잡게 하는데, 손잡이 상부에는 버튼이 달려 있습니다. 눈앞에 있는 모니터에선 알파벳이 0.5초마다 'k, t, d, q, v⋯⋯'와 같이 무작위로 뜨고 있고, 피험자는 알파벳이 0.5초마다 바뀌는 것을 보다가 원하는 때에 양손의 버튼 중 하나를 누릅니다.

버튼을 누르고 싶을 때 누르는 것이 전부인 실험입니다. 그리고 '눌러야지'라는 의지가 생긴 순간 어떤 알파벳이 표시되었는지 기억하도록 합니다. 예를 들어 '알파벳 q가 나왔을 때 오른쪽 버튼을 누르고 싶었다'와 같이 말이지요. 그리고 이 작업을 하는 뇌를 모니터링합니다. 버튼을 누르고 싶어지는 '마음'이 언제 어디서 생기는지, 즉 '자유의지'의 근원을 찾으려는 것입니다.

당연히 누르고 싶다는 '마음'이 생기니까 그 마음을 따라 버튼을 누르는 '행위'가 일어나는 것일 텐데, 그렇다면 그 감정 자체는 어떻게 생겨나는 걸까요?

결과는 충격적이었습니다. '누르고 싶다'는 마음이 들기 전에 이미 뇌가 활동을 시작한 것입니다. 누르려는 의지를 인지하기 전에 무의식의 뇌는 이미 의지의 원형을 만들어 내고 있었습니다.

물론 이러한 뇌의 사전활동이 의지와 관련이 있을 수는 있지만, 그렇다고 원인이라는 보장은 없다고 반론할 수 있습니다. 하지만 우리의 마음과 행동이 뇌 활동인 이상, 의지 또한 뇌 활동의 결과일 수밖에 없습니다. 이러한 관점을 더욱 확장하면 다음과 같습니다.

뇌가 어떠한 활동을 했다는 것은 그 활동을 하게 한 근원적인 활동이 뇌의 어딘가에서 이루어졌음을 의미합니다. 무슨 활동이든 원인, 즉 그 이전의 활동이 있기 마련입니다. 무無에서는 유有가 나올 수 없으니까요. 누르려는 의지가 생겼다면, 그 이전에 누르려는 의지 자체를 준비하는 사전활동이 뇌의 어딘가에서 먼저 나타나야 정상입니다.

참고로 몸과 마음, 혹은 뇌와 마음은 별개라는 이원론의 입장을 취한다면, 이런 실험 결과 따위와 상관없이 자유의지가 존재한다고 볼 수 있겠지요. 하지만 저는 역시 뇌 연구자이기에 (진실이 무엇이든 간에) 일원론을 주장하고 싶습니다. 그러니 앞으로도 뇌가 의지를 만든다는 입장에서 이야기를 계속하려 합니다.

의식에 나타나는
'자유로운 마음'은 그럴듯한 환각이다

그렇다면 우리 뇌는 얼마나 일찍 준비를 시작할까요? 놀랍게도 헤인즈 박사팀의 연구 결과에 의하면 평균 7초 전부터 활동을 개시한다고 합니다. 빠른 경우는 10초 전에 준비 활동이 나타납니다. 즉 뇌를 관찰하는 연구자는 "당신은 10초 후에 오른쪽 버튼을 누르려고 할 것입니다"라고 의지의 발생을 예고할 수 있다는 것입니다.

이때 가장 먼저 준비를 시작하는 곳은 '보조운동영역'이라 불리는 뇌 부위, 즉 운동을 프로그래밍하는 장소입니다. 여기에서는 '버튼을 누르는' 손이나 팔 근육의 움직임이 준비됩니다. 한마디로 '버튼을 누르기' 위한 준비를 일단 뇌에서 먼저 시작하고, 잠시 후 '눌러야겠다'는 감정이 뒤이어 생겨나는 것입니다. 버튼을 누르고 싶어졌을 때는 이미 뇌 안에서 '누를 준비'를 모두 마친 상태입니다.

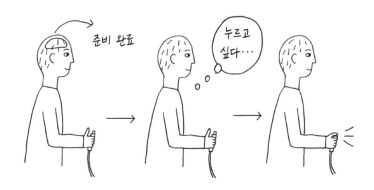

● 의지의 발생은 예고할 수 있다

그러면 '자유의지'란 대체 무엇일까요? 우리가 의식하는 '자유로운 마음'이 잘 만들어진 환각에 불과하다는 것은 분명합니다. '의지'는 어디까지나 뇌 활동의 결과이지 원인은 아니지요.

참고로 보조운동영역이 손상된 환자를 보면, 스스로 손발을 움직이거나 말을 하지 않고 본인의 의도와 관계가 없는 움직임을 자주 보입니다. 이러한 사실만 봐도 보조운동영역이 의도의 원천임을 알 수 있습니다.

최근에 이루어진 또 다른 연구가 있습니다. '자유의지는 없다'라는 것을 알면 인간의 반응이 어떻게 변화할지를 조사한 것입니다. 프랜시스 크릭[Francis Harry Compton Crick]의 저서 『놀라운 가설』(한뜻, 1996) 중 자유의지를 부정하는 유명 구절을 읽도록 했더니 운동 준비 활동이 약해졌다는 사실이 밝혀진 것이지요.

모니터에 뜬 계산 문제를 풀도록 하는 테스트에서도 재미있는 측면이 발견되었습니다. 미네소타대학교의 캐슬린 보스[Kathleen D. Vohs] 박사팀이 한 실험입니다. 이 실험은 중간중간 모니터에 순간적으로 답이 뜨도록 했습니다. 그러자 자유의지가 있다고 믿는 상태에서는 답이 보여도 보지 않은 척 문제를 푸는 경향이 있었는데, 그에 반해 '사실 자유의지 같은 건 없다'라는 결정론적 개념을 알려 준 뒤로는 순간적으로 모니터에 뜬 답을 커닝하여 푸는 경향이 강해졌습니다.

보스 박사는 이 결과를 '자유의지를 부정당하면 마음대로 행동하는 것에 대한 궁극의 변명거리를 얻게 되는 셈'이라고 해석합니다. 좀 더 있는 그대로 받아들이게 된다는 의미이지요.

이는 어쩌면 신의 뜻에 따라 인간의 운명이 정해져 있다고 믿는 기독교 등의 일신교적 세계관과 관련 있지 않을까요?

'내가 보는 나'와 '남이 보는 나'

그렇다면 자유로운 '마음'은 대체 어디에 있을까요? 이 물음은 중요합니다. 왜냐하면 현재의 사회, 특히 현재의 법률 시스템은 인간에게 자유로운 마음이 있음을 전제로 하여 만들어졌기 때문입니다.

'자유'가 어디에 존재하는지 뇌에 직접적인 전기 자극을 주어 조사한 실험이 있습니다. 물론 감각과 의지에 관련된 뇌 부위를 특정하려면 마취한 상태가 아니라 본인의 의식이 분명한 각성 상태에서 자극을 주어야 합니다. 어떤 실험일지 상상이 되나요?

두피 표면에 진통제를 바르고 메스로 두피를 절개한 뒤 살짝 벌려 클립으로 고정시킵니다. 그리고 두개골에 10센티미터 크기의 구멍을 뚫어 드러난 뇌 표면에 전극을 꽂습니다. 뇌 자체는 통증을 느끼지 못하니 두피에 마취했다면 거의 통증 없이 실험이 가능합니다.

뇌를 자극하면 다양한 감각이 반응하고 근육이 움직이는데, 이를 본인이 실황 중계하도록 하는 것입니다. 그러면 뇌의 각 부위가 각자 다른 역할을 담당하고 있음을 알 수 있습니다. A 부위를 자극하면 무언가가 귓가에 닿은 듯한 느낌이 들고, B 부위를 자극하면 시야에 빛이 들어오거나 과거 기억이 되살아나는 것입니다. 이런 실험을 반복하면 각각의 뇌 부위가 무엇을 담당하는지 알 수 있는 '뇌 지도'가 완성됩니다.

프랑스 국립과학연구센터의 안젤라 시리구^{Angela Sirigu} 박사팀은 그러한 일련의 실험을 통해 '인간에게 자유의지가 있는가?'라는 철학적인 문제를 파고들었습니다.

시리구 박사팀의 발표를 요약하면 다음과 같습니다. 두정엽이 있는 곳을 자극하자 손, 팔, 입술 등 신체의 특정 부분을 움직이고 싶어졌습니다. 움직이려는 '의지'가 전기 자극 때문에 생겨난 것입니다. 단, 실제로 움직이진 않고 욕구만 생긴 상태입니다. 즉, 두정엽은 '의지가 머무는 뇌 회로'인 셈입니다.

그리고 전두엽의 '전운동영역'이라는 부위를 자극하자 자극한 곳에 해당하는 신체 부위가 실제로 움직였습니다. 이 부위는 신체운동의 실행을 담당한다고 말할 수 있지요. 그런데 실제로 움직이고 있음에도 본인은 움직였다는 자각이 없습니다. 자신의 행동을 사실로 자각하지 못하는 것입니다.

다시 '의지'를 낳는 두정엽으로 돌아가, 두정엽을 더 강하게 자극하자 믿을 수 없는 일이 일어났습니다. 실제로는 움직이지 않는데 몸이 '움직였다'라고 느끼는 것입니다. 심지어 움직이지 않았다고 본인에게 말해 줘도 그 사실을 믿으려 하지 않습니다. 그 정도로 생생한 '움직임'을 느낀 것입니다. 이 사실은 '움직이고 싶다고 느낀다'와 '움직인다'가 별개의 현상이며, '움직였다고 느낀다'와 '움직인다'도 뇌가 보기엔 별개의 것임을 의미합니다.

움직였다고 착각하는 뇌와 움직이지 않았단 사실을 모르는 뇌. 이 논문을 읽고 '내가 보는 나'와 '남이 보는 나'의 괴리가 문득 떠올랐습니다.

일을 했다고 생각하는 나, 하지만 하지 않은 나. 분위기를 잘 파악한다고 생각하는 나, 하지만 분위기 파악을 못하는 나. 자기 자신을 평가할 때 누구나 착각할 수 있습니다. 인간이라는 동물은 자기 자신에 대해 잘 알지 못하도록 만들어졌으니까요.

이 사실은 변하지 않습니다. 그렇기에 저는 좋은 경험을 많이 쌓아 좋은 '반사'를 하는 데에 전념하며 살라고 말하고 싶습니다. 내가 원하는 나에게 가까워지기 위한 좋은 경험을 말이죠. 이것이 뇌를 최대한 활용하는 가장 좋은 지름길이라 확신합니다. 좋은 경험을 했다면 이젠 뇌의 자동적 반사에 맡겨 보세요. 이렇게 긍정적이고 건전한 삶의 태도가 또 있을까요?

웬일인지 운수 좋은 날,
기분 탓일까?

· 호르몬에 빠진 뇌 ·

검지와 약지를 비교했을 때 어느 쪽이 더 긴가요? 얼마나 차이가 나나요? 최근 손가락 비율의 의미와 관련해 의외의 보고가 나왔습니다. 약지보다 검지가 짧은 사람이 주식 거래로 돈을 많이 번다는 것입니다. 이는 케임브리지대학교의 존 코츠^{John M. Coates} 박사팀이 발표한 연구 결과입니다.

코츠 박사팀은 런던의 개인 투자자 49명을 대상으로 주식 거래를 통한 연간 손익과 검지와 약지 손가락의 비율을 비교했습니다. 그 결과 약지에 대한 검지의 비율이 낮을수록 수입이 높고, 비즈니스 현장에서도 오래 살아남을 수 있다는 사실이 드러났습니다. 놀랍지 않나요?

논문에는 구체적인 수치도 나와 있습니다. 검지의 비율이 높은 사람, 예를 들어 비율이 약 0.99(검지와 약지의 길이가 거의 같음)인 사람은 연간 평균으로 벌어들인 금액이 약 60만 파운드였고 0.93 전후로 그 비율이 작은 사람은 680만 파운드였습니다. 차이가 무려 11배가 넘습니다.

성과 좋은 트레이더와 테스토스테론의 관계

왜 손가락 길이에 따라 주식 거래 성공률이 달라질까요? 사실 이 결과는 과학적으로 봤을 때 그리 놀랍지 않을 수도 있습니다. 손가락 길이는 태아기 때 노출된 테스토스테론(남성호르몬 중 하나)의 양에 영향을 받기 때문입니다. 즉, 태어나기 전에 테스토스테론에 얼마나 노출되었는지에 따라 손가락 길이는 달라집니다. 테스토스테론은 태아의 손가락 끝에서 '혹스 유전자HOX gene'의 발현을 촉진해 검지를 짧게 만듭니다.

테스토스테론은 뇌 발달에도 영향을 미칩니다. 인간이든 동물이든 태어나기 전에 테스토스테론에 많이 노출되면 자신감이 넘치는 성향이 되어 모험을 즐기고, 끈기 있게 파고들며 반응과 동작이 빨라지는 경향이 있습니다. 그런 사람은 수학도 잘하고, 축구나 럭비, 농구, 스키 등 운동 경기에서도 좋은 성적을 낸다고 합니다. 단기매매를 통해 수익을 내는 데이 트레이더도 비슷합니다. 주식 거래 현장은 수많은 정보가 엄청나게 빠른 속도로 오가는 일종의 전쟁터입니다. 정확한 수치 계산 능력뿐 아니라 순발력과 주의력 등 운동 경기에나 필요할 법한 능력도 필요합니다.

코츠 박사팀의 연구에 참여한 투자자 중에는 무려 연 400만 파운드 이상을 버는 사람도 있습니다. 그런 사람은 1회 매매액이 10억 파운드에 달할 때도 있습니다. 종목을 보유하고 있는 시간이 몇 분, 아니 몇 초에 불과한 경우도 있지요. 이럴 때는 신중한 통찰력뿐 아니라 신속한 판단력과 행동력도 필요합니다.

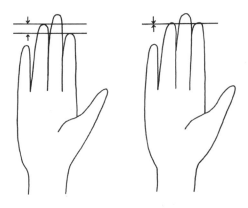

● 약지보다 검지가 짧을수록 투자자에 맞는 성향이다

그렇다면 코츠 박사팀의 손가락 비율 조사 결과도 이해됩니다. 검지가 짧은 사람은 발달기에 다량의 테스토스테론에 노출되었기에 투자자에 맞는 성향을 갖게 된 것입니다.

검지의 길이는 일반적으로 남성이 더 짧은 편입니다. 테스토스테론이 남성호르몬이기 때문이지요. 그런데 여성 중에도 검지가 짧은 사람이 있습니다. 태아일 때 어떠한 이유로(가령 환경적인 요인으로 뜻하지 않게) 테스토스테론에 노출되어 검지가 짧아진 경우입니다.

운세는 언제 결정될까?

조금 다른 관점에서 테스토스테론 이야기를 해 볼까요? 바로 '운'에 관한 이야기입니다. 가끔 과학적으로 증명할 수는 없지만 '오늘따라 운이 좋네?'라는 생각이 들 때가 있습니다. 점술이나 바이오리듬이 인기 있는 것도 그런 직감을 자극하기 때문입니다.

앞서도 등장했던 존 코츠 박사팀은 "신체를 보면 주식으로 돈을 벌지 못 벌지 알 수 있다"라는 놀라운 연구 결과를 발표했습니다. 실험은 다음과 같습니다.

적게는 1억 원부터 많게는 10조 원까지 다양한 규모로 주식 거래를 반복하는 런던 개인 투자자 260명을 모았습니다. 연령대는 18세부터 38세까지 다양했습니다. 이들은 8일 연속으로 오전 11시에 혈액을 채취한 뒤 업무를 시작했는데, 당일 거래로 벌거나 잃은 금액과 혈중 호르몬의 관계를 상세히 조사한 결과 흥미로운 경향이 드러났습니다. 놀랍게도 아침에 테스토스테론 양이 많았던 날은 벌어들인 금액이 컸고, 반대로 큰 손해를 본 날은 테스토스테론의 양이 적었습니다.

그날의 운세가 아침에 이미 결정되었다는 뜻이죠. 이런 사실을 알고 나면, '오늘은 운이 좋네?'라는 생각이 다르게 느껴질 수도 있습니다. 그냥 기분 탓이라고 치부할 수만은 없는 '무언가'가 우리 몸에서 실제로 일어나고 있는 듯 여겨질 것입니다. 어쩌면 운이 끝내주게 좋은 트레이더들은 '나설 때'와 '물러설 때'를 알려주는 체내 신호를 본능적으로 감지하고 있을지도 모릅니다.

결단력을 알아보는 '최후통첩 게임'

지금까지 살펴본 대로라면 테스토스테론이 마냥 좋은 호르몬 같지만 일반적으로 남성호르몬은 도전적이고 자기중심적인, 말하자면 반사회적인 성격의 원인이라는 믿음이 강합니다. 쥐에게 테스토스테론을 주입하자 공격성이 강해져 주위에 있는 다른 쥐들과 주인을 공격했다는 실험을 근거로 말이죠.

이러한 속설에 의문을 제기한 이들은 취리히대학교의 크리스토프 아이제네거Christoph Eisenegger 박사팀이었습니다. 연구팀은 쥐뿐만 아니라 인간을 대상으로도 실험했는데 결과는 정반대였습니다.

연구팀은 '최후통첩 게임'을 실시했습니다. 최후통첩 게임이란 결단력을 알아보는 실험 방법으로 뇌 연구계에서는 매우 유명한 게임입니다. 규칙은 다음과 같습니다.

당신에게 10,000원의 수입이 있습니다. 그 이익을 상대방과 둘이서 나눠 가질 건데, 얼마로 나눌지 금액을 제안할 권한은 본인에게 있습니다. 상대방은 그 제안을 수락하거나 거부하는 권한밖에 없습니다. 가령 분할 비율이 8대 2, 즉 본인이 8,000원을 갖고 상대방에게는 나머지 2,000원을 주겠다는 제안을 했다고 가정한 경우 상대방이 그 제안을 불공평하게 느끼고 납득하지 못한다면 '거부'할 수 있습니다. 단, 중요한 규칙이 하나 있습니다. 결단을 내릴 기회는 딱 한 번뿐이라는 것입니다. 협상은 불가합니다. 만약 상대방이 거부하면 둘 다 수입이 0원이 되어 버립니다.

이성적으로 생각하면, 상대방은 어떤 액수를 제시받든 거부하지 말고 조건을 그대로 수용하는 것이 이득입니다. 왜냐하면 0원보다는 나으니까요. 그런데 인간은 참 신기한 동물입니다. 그런 안이한 행동은 하지 않거든요. 그냥 받아들이면 될 것을 굳이 거부합니다.

프린스턴대학교의 조나단 코헨[Jonathan D. Cohen] 박사팀의 분석에 따르면, 20%라는 불공평한 분할 비율을 제시받았을 때의 거부율은 50%에 달한다고 합니다. 자신의 이익을 희생하면서까지 상대방에게 사회적 제재를 가하는 것입니다.

결과적으로 보면 약 35% 정도의 배분율에 타협하는 경우가 많다고 합니다.

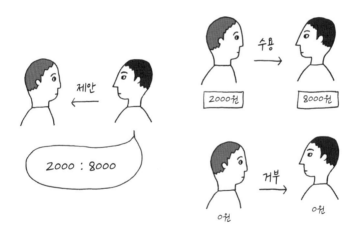

● 뇌 연구계에서는 유명한 '최후통첩 게임'

사회통념이나 속설에 대한 신념도
진실이 될 때가 있다

자, 다시 테스토스테론 이야기로 돌아가서 아이제네거 박사팀의 연구를 봅시다.

흥미롭게도 테스토스테론을 투여한 뒤 같은 게임을 하자 평균 제시 금액이 40%로 상승했습니다. 이 실험에서 피험자 본인은 테스토스테론을 투여한 사실을 모릅니다. 좀 더 공평해진 탓인지 상대방이 거부할까 봐 신중해진 탓인지 모르겠지만, 어찌되었든 테스토스테론에 의해 오히려 상대방의 수입은 늘어난 셈입니다. 우리가 흔히 알고 있던 "테스토스테론은 공격성을 높인다"라는 속설과는 정반대의 결과이지요.

그런데 이 연구의 진짜 재미는 그 이후에 있습니다. 연구팀이 피험자에게 "테스토스테론을 투여합니다"라고 알리고는 실제로 투여하지 않고 가짜 약을 주사했는데 평균 제시금액이 30%까지 줄어든 것이죠.

일반적으로 "테스토스테론은 남자를 남자답게 만들어 주는 남성호르몬이다"라고 믿기 때문에 그 신념에 맞게 공격성이 높아지는 플라시보 효과가 나타난 것입니다. 물론 본인은 위약이란 사실을 몰랐으니 연기라 볼 수도 없습니다. 무의식중에 자연스럽게 본인의 신념이 '효과'로 나타난 것입니다.

이러한 실험 결과를 보고 있자면 새삼 '진실이란 뭘까?'라는 생각이 듭니다. 과학적 사실과는 상관없이 사회통념이나 속설에 대한 신념도 진실이 될 때가 있으니까요. 화장품, 미용, 건강식품, 영양제 등의 설명서나 효능에 관한 문구, 근거 없는 소문 등에 대한 신념의 효과는 어쩌면 우리의 생각보다 더 클지도 모릅니다.

뇌과학의 발견은 철학을 뛰어넘을까?

언젠가 한 과학저널에 「뇌 연구가 철학에 미치는 영향」이라는 에세이가 실린 적이 있습니다.

예로부터 철학은, 특히 '마음'을 대상으로 삼은 철학은 자유, 의지, 지혜 등의 주제를 다뤄 왔습니다. 인간의 본질에 대해 논하는 이상 윤리란 주제를 피할 수는 없습니다. 가치 기준, 이성과 감정의 역할, 책임감과 죄의식의 옳고 그름, 또는 그 기원 등에 관한 문제 말입니다. 최근에는 기존 철학에서 다루었던 이런 문제들에 뇌과학이 합세했습니다.

이러한 흐름 속에서, 뇌 연구자인 제가 특히 충격을 받은 것은 옥시토신에 관한 실험입니다. 옥시토신은 애초에 자궁 수축과 젖 분비 등 여성만이 가진 기능에 꼭 필요한 필수 호르몬으로 발견되었습니다. 하지만 남성에게도 존재합니다. 일반적으로 옥시토신은 원만한 대인관계를 맺을 때 분비됩니다. 이미 동물실험을 통해 옥시토신이 투쟁욕과 도피욕을 누그러뜨리고 공포에 대한 감수성을 줄여 준다는 사실이 밝혀졌지요.

그런데 이와 관련해 행해진 실험이 굉장히 충격적입니다. 옥시토신을 인간에게 투여한 것입니다. 코로 옥시토신을 빨아들이게 했더니 금전 거래 등에서 상대방에 대한 신뢰도가 높아진 것을 발견했죠. 상대방의 말을 거의 맹목적으로 믿을 정도로 효과는 극적이었습니다. 속아서 거액의 손해를 보아도 다시 옥시토신을 투여하자 예전의 뼈아픈 경험은 까맣게 잊은 듯 또다시 상대방을 믿고 불리한 계약을 맺고 말았습니다.

너무나도 놀라운 결과 아닌가요? 예전에는 그런 위험한 물질이 실제로 존재하리라 상상조차 하지 못했습니다. 그래서 현행 법률로는 옥시토신의 취급에 제대로 대응하기가 힘든 상태입니다.

뇌과학의 발견은 이제 철학이라는 순수학문을 뛰어넘어 사회의 상식, 개인의 권리와 인격 등과 같은 우리 주변의 암묵적인 전제를 뒤흔들기 시작했습니다.

물론 괜히 불안을 조장하려는 건 아닙니다. 과학기술의 발전이 우리의 존재 방식 자체에 변혁을 가져올 만한 위력을 가진 것은 우리가 지나온 길들만 되돌아봐도 너무도 자명하고 당연합니다. 그것이 본래 과학기술의 목적이기도 하니까요. 오히려 과학기술은 필연적으로 인간 존재를 다른 측면에서 조명하여 새로운 가치를 찾아내거나, 혹은 새로운 사회적 준비를 하도록 요구합니다.

　역사적으로 봐도 새로운 과학기술은 개발 당시에는 두려움 반 불안 반으로 다가왔고, 때로는 우리에게 유해하게 여겨졌습니다. 하지만 우리가 해야 할 일은 그저 두려워하거나 비판하기보다 새로 등장한 기술에 어떻게 적응하고 그 기술을 어떻게 잘 활용할 수 있을지 모색하는 것이 아닐까요?

역시 그럴 줄 알았다?
뒷북으로 훈수 두는 이유

• 아는 척하는 뇌 •

'역시 그렇지', '그럴 줄 알았어', '그러게 내가 말했잖아' 등은 예감이 적중했을 때 흔히 쓰는 표현입니다. 영어로는 'I knew it' 등으로 표현합니다. 여기엔 '난 처음부터 알고 있었어'라는 뉘앙스가 들어 있습니다.

이처럼 예측이 맞았다고 느꼈을 때, 실제로는 얼마나 정확하게 사전 예측을 한 것일까요? 여기에 확실히 대답하기는 어렵습니다. 어쩌다 보니 맞았던 것일 수도 있고, 설령 우연이 아니었다 해도 예측의 근거와 추정이 얼마나 정확했는지 자신 있게 대답할 수 있는 사람이 과연 몇이나 될까요?

예를 들어, 이런 실험이 있습니다. 사람들에게 아가사 크리스티^(Agatha Christie)가 평생 몇 권의 장편 소설을 썼는지 물어본 다음 그들이 추정한 권수의 평균치를 매겼습니다. 응답의 평균치는 51권이었습니다. 실제로 아가사 크리스티는 66권의 장편 소설을 썼는데 아마도 웬만한 팬이 아니면 정확히 알 수 없었겠죠. 그리고 시간이 좀 지난 뒤, 예전 응답자들에게 정답을 알려 주고 "그때 몇 권이라고 추정하셨죠?"라고 물었습니다. 놀랍게도 그 평균치는 63권으로 증가했습니다. 과거에 자신이 정답에 근접한 숫자를 말했다고 믿고 있는 것입니다. 이와 비슷한 실험 결과는 그밖에도 많습니다.

우리는 비교적 정확하게 이 사태를 예견했다고 착각하는 습관이 있습니다. 즉, '역시 그럴 줄 알았다'라고 하지만 사실 알고 보면 전혀 그렇지 않았을 가능성도 있습니다.

피하려 해도 피할 수 없는
이상한 '사후확신편향'

'사후확신편향^(hindsight bias)'이라 불리는 이러한 인지 오류는 일상생활 속에서 흔히 발견할 수 있습니다. '그때 주식을 팔아야 했어',

'좀 더 조심히 운전할걸', '어쩌다 보니 술김에' 등과 같이 후회 섞인 말들도 인과관계를 처음부터 인지하고 있었다는 것이 전제로 깔려 넓은 의미에서는 사후확신편향의 일종이라 볼 수 있습니다.

물론 대화에서 굉장히 자주 쓰는 일상적 표현이라서 이상하게 생각하지 않는 사람도 많을 것입니다. 하지만 잘 생각하면 그 기반이 되는 논리의 근거가 너무도 희박합니다.

사후확신편향은 아무리 피하려고 조심한다 해도 아예 없애긴 쉽지 않습니다. 그만큼 뿌리 깊은 편향이기 때문에, 우리가 할 수 있는 것은 딱 하나뿐입니다. '지금 내가 하는 생각이 무조건 옳다고는 말할 수 없다'라는 겸허한 자세로 생각을 잠시 보류하는 것입니다. 자신의 생각에 매몰되어 좋을 일은 없습니다.

'소유효과'라는 기묘한 현상

얼마 전, 취미로 골동품을 수집하는 지인이 경매가 끝난 후 "더 비싼 값에 팔릴 줄 알았는데……"라며 속상해했습니다. 그는 생각했던 만큼의 가격을 못 받는 경우가 많다면서 하소연했고, "사람들은 물건의 진가를 몰라도 너무 모른다"는 말을 덧붙였습니다.

저도 멋진 골동품을 보면 감탄합니다. 그렇지만 워낙에 그쪽

방면으로는 문외한이라 가격을 들을 때마다 깜짝깜짝 놀라곤 합니다.

인간의 뇌에는 '소유효과endowment effect'라는 기묘한 현상이 있습니다. 한마디로 '어떠한 것을 소유하면 그것에 대해 느끼는 주관적 가치가 상승하는 심리적 경향'을 말합니다. 즉, 타인이 가졌을 때는 별로 관심이 없었는데 막상 자신이 가지니 '실제 가치보다 훨씬 좋아 보이는' 심리입니다.

이러한 심리적 경향은 골동품뿐만 아니라 일상적인 소유물을 비롯해 토지, 건물, 주식, 연인의 가치까지 다양한 대상에서 나타납니다. 예를 들어, 투자자가 자신이 수차례 거래한 종목에 강한 집착을 보이거나 혹은 장기 보유한 주식이 하락해도 '이게 바닥이겠지, 더 내려가진 않을 거야'라고 생각하며 낙관적으로 판단하는 바람에 실패하는 경우가 흔합니다.

그렇다면 소유효과는 왜 일어나는 것일까요? 그 이유로는 크게 두 가지 설이 있습니다.

이유 ①. 소유한 대상에 애착이 생겨서(긍정적인 측면을 과대평가함)
이유 ②. 소유한 대상을 잃기 싫어서(손실에 과도하게 예민함)

이 두 가지는 비슷한 듯 보이지만 엄밀히 말하면 별개의 감정입니다. 다만, 의식적으로 이 둘을 명확히 구별하기는 어렵지요.

나의 애착 도자기 ♡

알고 싶지 않아!

● 소유효과의 두 가지 설

그래서 등장한 것이 MRI입니다. 실제로 뇌가 어떻게 반응하는지 보기 위해서죠. 스탠퍼드대학교의 브라이언 넛슨[Brian Knutson] 박사팀이 실험했습니다.

뇌 안에서 '손익'을 처리하는 방식을 크게 분류하면, '측좌핵'은 이익에 대한 쾌감에 관여하고 '섬피질'은 손해에 대한 불쾌감에 관여합니다. 그렇다면 반응에 변화를 보인 것은 어느 쪽일까요?

넛슨 박사팀은 이러한 각 뇌 부위의 활동과 소유효과를 비교했습니다. 그 결과 소유효과가 강한 사람일수록 물건을 팔 때 섬피질이 좀 더 강하게 활동한다는 사실을 알 수 있었습니다.

이러한 결과를 보면 두 번째 이유가 더 일리 있는 듯합니다. 즉, 자신의 소유물을 잃으면 불쾌하므로 '본래 가치'에 '주관적 가치'가 더해지는 것입니다.

더 자세한 메커니즘에 관한 연구는 향후 이루어지겠지만 적어도 손익에 대한 직감은 때로 틀릴 수도 있다는 사실을 알아두면 좋겠습니다.

비슷한 사례를 하나 더 볼까요? 어떤 이가 5만 원에 와인 한 병을 구매했는데 이 와인이 현재 경매가로 20만 원을 호가한다는 사실을 알게 되었습니다. 그리고 가치 있는 것을 싸게 샀다는 사실이 너무 뿌듯해 팔지 않고 혼자 즐겁게 다 마셔 버렸죠. 이때 이 사람은 비용과 관련하여 어떤 감정을 느꼈을까요? 통계에 따르면 "15만 원 벌었다!"라며 좋아하는 사람이 약 25%나 된다고 합니다.

● **15만 원 이득인가, 20만 원 손해인가?**

지금 사서 마시려면 20만 원이나 줘야 하는 것을 5만 원에 마셨으니 이득이라는 계산이겠지요. 확실히 소비자로서는 그렇게 생각할 만합니다.

하지만 이건 어찌 보면 바보 같은 생각입니다. 이성적으로 생각하면 경제학적으로는 20만 원 손해를 본 셈이거든요. 싸게 구매한 것까진 좋았으나 20만 원에 팔 수 있는 와인을 무가치하게 만들었기 때문입니다. 물론 '와인을 마신 본인이 만족하면 그걸로 된 거 아닌가?'라고 주장한다면 할 말은 없습니다.

어쨌든 이렇게 인간은 수치와 관련해 이성적인 판단을 내리지 못하는 경우가 많습니다. 손해인 걸 알면서 복권을 산다거나, 주택융자를 갚으면서 정기예금을 넣는 행위는 전형적으로 모순된 행동입니다. 애초에 이러한 인간의 판단 오류가 보편적으로 존재하기 때문에 금융업이나 투자신탁이 가능하겠죠.

자기제어가 되지 않으면 판단력도 떨어진다

마지막으로 자제심과 판단력의 연관성에 관한 이야기입니다. 자기제어가 되지 않으면 상황 판단 능력이 떨어진다는 것입니다. 텍사스주립대학교의 제니퍼 윗슨Jennifer A. Whitson 박사팀의 연구입니다.

윗슨 박사팀은 의도적으로 피험자를 동요시킨 뒤, 그 순간의 패턴 인지력을 측정했습니다. 피험자에게 컴퓨터로 일러스트 분류를 시켰는데 분류 근거가 명확한 경우와 무질서한 경우, 이 두 가지를 테스트했습니다. 분류 근거가 무질서할 때 피험자는 법칙을 파악하지 못해 혼란스러워하고 어쩔 줄 몰라 하며 당황했습니다. 인위적으로 동요하는 상황을 만들어 낸 것입니다.

그리고 이렇게 자제심을 잃은 피험자에게 임의로 흑백 얼룩 그림을 보여 주고 무엇으로 보이는지를 물었더니 흥미로운 일이 일어났습니다. 아무것도 그려져 있지 않은 그림인데도 피험자들이 그림 속에 의자, 개, 사람의 얼굴 등 다양한 형상이 보인다고 말한 것입니다. 연구팀은 거기서 더 나아가 주가 변동 그래프를 보여 주고 상황을 판단하게 하는 실험도 진행했습니다. 역시 자제심을 잃은 상황에서는 있지도 않은 경제 동향을 찾아내는 경향이 강했습니다.

자기제어가 힘들어지면 인간은 의미나 인과관계를 거꾸로 지각하게 됩니다. 친구의 배신, 연인의 바람, 거래처의 음모 등과 같은 의심이 든다면 그것은 스스로가 정신적으로 쫓기고 있다는 증거일지도 모릅니다. 동요하면 누구나 실수합니다. 왜냐하면 우리 뇌는 그렇게 프로그래밍이 되어 있으니까요.

● 이 그림 속에 뭐가 있다고? (출처: Rorschach test)

뇌는 '있어 보이는 것'에
매혹된다

• 브랜드 따지는 뇌 •

유기재배, 유기농 식품……. 식재료에 나름 신경 쓰는 레스토 랑이나 슈퍼마켓에 가면 이런 문구를 일상적으로 볼 수 있습니 다. 저도 이러한 문구에 혹해 지갑을 열곤 합니다. 단순 반사라 해 야 할까요? 판매자의 의도에 말려든 것이죠.

그런데 얼마 전 농학부 교수님과 이야기를 나눌 기회가 있었 습니다. 교수님은 생각지도 못한 이야기를 해 주셨습니다.

"옛날부터 내려오는 전통적인 재배 방식이 더 낫다는 보장은 없어요. 농약을 쓰지 않는 자연재배 채소가 좋다는 생각은 망상이나 다름없습니다. 농약을 꼭 써야 할 때 쓰지 않으면 농작물이 병들어 오히려 건강에 해로울 수도 있거든요."

미네소타대학교의 제니퍼 윌킨스 Jennifer L. Wilkins 박사팀도 유기농 식품이 건강에 좋다는 과학적 근거는 아직 없다고 말했습니다. 또 유기재배는 효과가 있는 화학비료나 농약을 쓰지 않기 때문에 수확량이 적고, 그 부족분을 메우기 위해 삼림을 베어 농지를 늘리므로 오히려 지구 환경 파괴로 이어진다는 연구 결과도 있습니다.

● 그것을 선택한 근거가 있는가?

사람들은 농약뿐 아니라 유전자조작식품, 수입원료, 인공보존료, 수돗물 등에 대해서도 깊은 논의 없이 그저 '나쁜 것'으로 치부하는 경향이 있습니다.

물론 어느 정도 경계할 필요는 있습니다. 하지만 단편적인 직감에 판단을 맡기는 행동은 현명하지 못합니다. 근거 없는 믿음이 '유기농'과 '국내산'의 브랜드 가치를 지나치게 높이고, 결과적으로 원산지 등 식품 정보를 허위로 표기하는 문제를 불러오는 것도 사실이니까요.

음악평론가마저 깜빡 속은 리파티 사건

이러한 선입관의 영향은 식료품뿐만 아니라 다양한 국면으로 나타납니다. 예를 들어, 전자제품이 나란히 진열된 판매점을 가면 텔레비전 광고에서 본 적 있는 브랜드에 자신도 모르게 관심이 갑니다. 소개팅을 할 때도 당사자끼리 만나기 전에 상대를 칭찬하면 성사될 확률이 높다고 합니다. 인간의 마음은 상상 이상으로 외부 정보에 의해 좌지우지되는 듯합니다.

1917년에 루마니아에서 태어난 디누 리파티^{Dinu Lipatti}라는 피아니스트가 있습니다. 그의 연주는 티 없이 맑고 투명한 수정 같았지요. 깔끔한 연주와 준엄한 스타일로 인기가 많았던 그는 안타깝게도 33세라는 젊은 나이에 세상을 떠나고 맙니다. 그가 녹음하여 남긴 연주곡은 많지 않은데, 현재 들을 수 있는 음원들은 모두 경이로운 완성도를 보여 주는 걸작입니다.

그런 귀중한 음원과 관련해 사건이 벌어졌습니다. 바로 쇼팽의 피아노협주곡 사건입니다. 그 음원에서는 늘 그랬듯이 고고하고 세련된 피아노 연주 기법을 엿볼 수 있었습니다. 음악평론가들도 입을 모아 최고의 쇼팽 연주라 극찬을 했고, 그 LP는 클래식 음악계의 스테디셀러가 되었습니다.

그런데 음원이 발매된 지 수십 년이 지나 의외의 사실이 밝혀집니다. 글쎄 그 음원이 리파티가 아닌 체르니 스테파니스카^{Czerny Stefanska}라는 여성 피아니스트가 연주한 곡이었다는 겁니다. 다시 조사한 결과 진짜 리파티의 음원이 발견되면서 그의 연주곡은 그제야 세상 빛을 보게 되었지요.

이 어처구니없는 사건에 전 세계 팬들은 경악을 금치 못했습니다. 하지만 가장 당혹스러웠던 사람은 가짜 음원을 듣고 극찬을 아끼지 않았던 음악평론가들이었지요.

실제로 그들의 반응은 둘로 나뉘었습니다. "그건 누가 봐도 여성의 연주였다. 새롭게 발견된 음원이 진짜 리파티다운 연주다"라며 손바닥 뒤집듯 의견을 180도 바꾼 사람과 "아니, 역시 체르니 스테파니스카야말로 최고의 피아니스트다"라며 인지도가 낮은 여성 피아니스트의 연주를 극찬한 사람으로 말입니다.

브랜드와 자존심이라는 보이지 않는 압력 사이에서 대처하는 인간의 미묘한 심리가 여과 없이 드러난 사건이었습니다.

뇌는 브랜드에 반응한다?

브랜드와 관련된 흥미로운 실험이 있습니다. 캘리포니아공과대학교의 안토니오 랑겔Antonio Rangel 박사팀이 한 실험으로, 와인을 맛볼 때 뇌가 보이는 반응을 MRI로 살펴본 것입니다.

와인을 마시면 '내측 안와전두피질'이 활성화되는데, 이곳은 지적 쾌락을 담당하는 뇌 부위입니다. 즉, 맛있는 와인을 마시면 쾌감을 느낀다는 것입니다.

● 비싼 요리일수록 특별히 맛있다?

이 실험은 참 흥미롭습니다. '다섯 종류의 와인을 마시고 비교해 달라'는 부탁을 한 뒤, 시음 전에 각 와인의 가격을 알려 줍니다. 하지만 실제로 와인은 세 종류만 준비하고 그중에서 대충 골라 건네 주고 마시도록 합니다. 가격도 엉터리로 알려 주고요.

사기나 다름없는 이 실험의 결과는 어땠을까요? 미리 알려 준 가격이 높으면 높을수록 내측 안와전두피질이 강하게 반응한다는 명쾌한 결과가 나왔습니다.

음식의 맛은 그 안에 함유된 화학 분자만으로 결정되지 않습니다. '고급요리를 먹고 있다'라는 생각도 매우 중요하게 작용하는 것입니다.

브랜드, 기품, 분위기, 카리스마……. 인간의 뇌는 이러한 보이지 않는 힘으로 움직입니다. 하지만 이 들뜬 심리를 단순히 부끄럽거나 추하다고 생각해 무조건 없애려 할 필요는 없습니다. 왜냐하면, 리파티 음원 사건이나 와인 실험에서 볼 수 있듯이 우리의 뇌는 애초에 '브랜드'에 반응하도록 만들어져 있기 때문입니다.

뇌가 그렇게 디자인되었으니 인정할 수밖에 없습니다. 선천적으로 타고난 인간의 습성입니다. 이를 부정한다는 건 인간 자체를 부정하는 것이나 마찬가지입니다. 가슴에 손을 얹고 자기 안에 잠재된 브랜드 의식을 솔직히 인정하면 자신의 기호와 결정 방식이 새롭게 바뀔지도 모릅니다.

힘들게 번 100만 원 vs 복권 당첨금 100만 원

뇌는 평가하는 기계입니다. 눈으로 본 사물부터 도덕적 딜레마까지, 일상에서 접하는 모든 것을 그 자리에서 평가하고 판단하며 살아갑니다.

앞서 소개한 실험 사례에서도 알 수 있듯이, 특별한 계기가 없는 한 그 근거를 깊이 생각하지도 않습니다. 그 정도로 평가는 뇌 안에서 자연스럽게 이루어집니다.

그런 평가 기준 가운데, 유난히 강력하게 나타나는 심리작용은 손실에 대한 혐오입니다. 특히 우리 뇌는 내 손에 들어올 가능성이 큰 돈이나 음식을 잃는 데에 민감하게 반응합니다.

물론 손실을 기뻐할 사람은 아무도 없겠지요. 하지만 뇌에 내재한 손실에 대한 혐오감이 과도하긴 합니다. 그래서 눈앞의 리스크를 피하려다 결국 손해를 보는 경우도 드물지 않습니다.

뉴욕대학교의 엘리자베스 펠프스Elizabeth A. Phelps 박사팀이 이러한 과도한 혐오를 줄일 수 있는 비결을 소개했습니다. 바로 '투자자가 된 기분으로 생각하는 것'입니다.

실험에서는 '원금이 보장되지만 수익이 적은 선택지'와 '다소 리스크는 있지만 수익이 큰 선택지'를 준비했습니다. 경제학적으로는 후자를 선택하는 게 옳지만, 사람들은 일반적으로 전자를 선택하는 경향이 있지요. 손실이 소액에 그친다 하더라도 일단 피하고 싶은 것이 인지상정이니까요.

하지만 "각 회의 선택은 수차례 이루어지는 일련의 투자 중 겨우 1회에 불과하고 전체 성적이 포트폴리오(자산형성)가 될 것으로 생각하면 된다"라고 조언하면 눈앞의 리스크에 대한 과도한 혐오감이 줄어들면서 올바른 선택을 한다고 합니다.

힘들게 일해서 번 100만 원과 복권에 당첨되어 받은 100만 원. 둘 다 경제학적 가치는 같지만, 더 과감히 활용할 수 있는 쪽은 후자인 것과 비슷합니다. 리스크에 대한 혐오감을 줄이는 것은 단순하지만 장기적으로 봤을 때 의외로 중요할지도 모릅니다.

행동을 바꿀 수 없다면
기분이라도 바꾼다

• 모순을 피하는 뇌 •

쇼핑을 하다가 마음에 드는 옷을 두 벌 발견했다고 합시다. 옷 A와 옷 B, 둘 다 똑같이 마음에 들지만 안타깝게도 둘 다 사기에는 예산이 부족합니다. 그래서 아쉽지만 A만 사기로 했습니다.

자, 이때 A와 B의 인상은 어떻게 바뀔까요? A와 B에 대한 호감도를 조사했더니, 재미있게도 A를 선택하기 전보다 선택한 후 B에 대한 평균적인 평가가 하락했음을 알 수 있었습니다. 다시 말해, 자신이 선택하지 않은 옷에 대해 '그렇게 괜찮은 건 아니었다'라고 생각을 바꾼 것입니다.

그래서 다른 선택 실험을 해 보았습니다. 옷 A와 옷 C 중에서 선택하는 것입니다. 이번에는 C보다 A가 조금 더 마음에 듭니다. 그러면 망설임 없이 A를 선택하겠지요? 이 경우에는 선택 후 C에 대한 평가가 하락하지 않습니다. 결국 선택 후의 호감도는 마음에 드는 정도에 뚜렷한 차이가 없을 때만 변화한다는 사실을 알 수 있습니다.

한 가지 실험을 더 소개하겠습니다. 단체에 가입하기 위해 거치는 '입회 의례'에 관한 실험입니다. 피험자에게 까다로운 의례와 그리 까다롭지 않은 의례 중 하나를 치른 뒤 가입하게 하고, 가입 후에 그 단체에 대한 호감도를 묻자 까다로운 의례를 치른 사람이 더 높았습니다.

자, 이 두 가지 실험의 결과를 어떻게 해석하면 좋을까요? 사람들은 보통 자신의 행동과 감정이 일치하지 않을 때 무의식적으로 이러한 모순을 해결하려고 합니다. 즉, 행동과 감정 중 하나를 바꾸는 것입니다. 둘 중에서 무엇을 바꾸는 게 쉬울까요? 두말할 것도 없이 감정입니다. 행동은 이미 벌어진 사실이니 바꿀 수 없으니까요. 그래서 우리 뇌는 감정을 바꿉니다.

다시 쇼핑 이야기로 돌아가, 옷 A와 옷 B에 대한 호감도는 처음에는 비슷했습니다. 하지만 이유가 무엇이든 B 대신 A를 선택했고, 그 행동 자체는 바꿀 수 없습니다. 그래서 B에 대한 호감도를 바꾸는 것입니다. 사실 B는 그만큼 마음에 들진 않았다고 말이지요. 반면에 C는 처음부터 A보다 별로라 생각했기 때문에 A를 선택한 자신의 행동과 감정에 모순이 존재하지 않습니다. 그러니 C에 대한 호감도를 바꿀 필요도 없지요.

● '행동'은 바꿀 수 없지만 '감정'은 바꿀 수 있다

입회 의례 실험도 마찬가지입니다. 의례는 원래 귀찮고 재미도 없습니다. 가능하다면 생략하고 싶어 합니다. 그런데 심지어 까다롭기까지 하다면 더욱 싫습니다. 그런데 그런 까다로운 의례를 치르면서까지 단체에 들어간 것입니다. 이 사실은 바뀌지 않으므로 '그 정도로 나는 이 단체에 들어가고 싶었다'라고 생각을 바꾸게 됩니다.

원숭이도 자기모순을 회피하려는 심리가 있다

이처럼 심리적 부조화를 무의식적으로 해소하려는 양상은 성인뿐 아니라 어린아이들에게서도 관찰됩니다. 다음은 네 살짜리 아이를 대상으로 한 실험입니다.

엄마가 "절대로 이 장난감 갖고 놀지 마!"라고 엄격하게 금지했을 때와 "이 장난감은 갖고 놀면 안 되는 거야"라며 부드럽게 타이르며 갖고 놀지 못하게 했을 때, 장난감에 대한 아이들의 호감도를 비교했습니다. 그랬더니 똑같은 장난감인데도 부드럽게 타이른 쪽에서 호감도가 줄어들었음을 알 수 있었습니다.

부드럽게 타이른 경우는 타인에게 지시를 받았지만 자신의 의지로 노는 행위를 멈춘다는 자유의지의 요소가 남아 있거든요. 다시 말해, '내가 그만 놀기로 결정했으니까, 이 장난감은 별로 재미가 없었던 거야'라는 결론이 나오는 것입니다. 반면에 강하게 금지한 경우는 노는 행위를 멈춘 이유가 명확합니다. 재미있었지만 멈출 수밖에 없었지요. 자신이 취한 행동에 모호한 부분이 없습니다.

자기모순을 불쾌하게 여겨 해소하려는 건 우리 마음속에 깊이 박혀 있는 심리적 작용입니다. 예일대학교의 루이자 이건[Louisa C. Egan] 박사팀은 치밀한 실험을 통해 원숭이에게도 자기모순을 회피하려는 심리가 존재함을 증명했습니다. 이는 고등 포유류에게 보편적으로 나타나는 심리일지도 모르겠습니다.

참고로 인지부조화를 회피한다는 이론 자체는 미국의 심리학자 레온 페스팅거$^{Leon\ Festinger}$ 박사팀이 50년도 전에 주창한 것입니다. 레온 페스팅거 박사가 실시한 유명한 실험이 있습니다. 피험자에게 재미없고 단조로운 작업을 시킨 후 '재미있었다'라고 말하게 합니다. 그리고 사례금을 주는데 이때 피험자를 두 그룹으로 나누어 한 그룹에는 20달러를 주고 다른 한 그룹에는 1달러를 줍니다. 그런 다음에 작업이 얼마나 재미있었는지 설문조사를 합니다.

여기까지 읽은 독자 여러분은 페스팅거 박사팀의 실험 결과가 어떻게 나왔을지 상상이 될 텐데요. 1달러를 받은 그룹이 더 즐겁게 느꼈다고 합니다. 고액의 사례금을 받은 그룹은 작업하는 이유를 '돈을 주기 때문'이라고 인식하지만, 1달러를 받은 그룹은 '돈 때문에 했다'라고 말하기 힘들기 때문입니다. 즉, 작업을 하는 충분한 이유가 없습니다. 이러한 심리적 모순을 해결하기 위해 '사실은 내가 자진해서 할 정도로 즐거웠다'로 태도를 바꾸어 스스로 납득하는 것입니다.

양상추와 양배추 중 무얼 살까?

이번에는 양자택일의 상황입니다. A사 주식과 B사 주식 중 어디에 투자할지 망설여질 때, 우리는 보통 둘을 철저히 비교한 뒤 '상대평가'에 기초해 판단합니다.

실제로 물건의 가치는 상황에 따라 달라집니다. 예를 들어, 만 원짜리 지폐와 100원짜리 동전의 금전적 가치의 차는 명백합니다. 그러나 캔 음료의 풀탭이 따지지 않아 억지로 뜯어야 할 때는 100원짜리 동전이 지렛대로 삼기에 더 유용합니다. 동물실험에서도 마찬가지입니다. 원숭이는 주스 1밀리리터와 물 10밀리리터를 주면 전자(양보다 질)를 선택하는데, 목이 마르면 후자(질보다 양)를 선택합니다.

뇌를 들여다보면 상대적 가치를 계산하는 뉴런(신경세포)이 '전두엽'에 많이 존재한다는 것을 알 수 있습니다. 이러한 뉴런들은 우리가 올바른 결단을 내릴 수 있도록 도와주지요.

우리는 정보의 '이용'과 '수집'이라는 서로 양립할 수 없는 두 가지 선택 가운데 살아가고 있습니다. 이 점은 매우 중요합니다.

여기, 슈퍼마켓에서 샐러드용 양상추를 사려는 여성이 있습니다. 여성은 양상추를 정말 좋아하고 양배추와 오이는 좋아하지 않아서 잘 사지 않지요. 그러던 어느 날, 평소처럼 장을 보러 갔는데 양상추 옆에 '당도 높음'이라는 문구가 붙은 신품종 양배추가 있었습니다.

늘 그랬듯이 양상추를 사면 맛있는 샐러드를 먹을 수 있습니다. 하지만 신품종 양배추는 어떨까요? 이 신품종 양배추는 어쩌면 양상추 이상으로 자신의 기호에 맞을지도 모릅니다. 물론 신품종이라고 도전했다가 역시 별로일 수도 있지요.

이 사례에서는 평소처럼 양상추를 사는 선택이 과거의 정보를 '이용'하는 것이고, 신품종 양배추를 사는 선택이 새로운 정보를 '수집'하는 모험에 해당합니다.

● 신품종 양배추는 맛있을지도?

과감하게 모험 뇌를 해방하자

정보를 이용하여 안전을 확보하는 것과 리스크를 감수하여 정보를 수집하는 것. 이 상반되는 선택지 중에서 의사결정을 내려야만 한다면 뇌는 어떻게 판단할까요? 런던대학교의 나다니엘 도우^{Nathaniel D. Daw} 박사팀은 그런 뇌의 상태를 조사한 연구 결과를 발표했습니다.

연구팀은 슬롯머신 네 대를 준비했습니다. 각각의 슬롯머신은 당첨 확률이 달랐고 확률은 시간이 지남에 따라 천천히 변했습니다. 피험자는 매회 네 대의 슬롯머신 중에서 마음에 드는 것을 골라 게임을 반복했습니다.

이 게임에서 피험자가 취한 전략을 보면 랜덤으로 슬롯머신을 선택하지 않았습니다. 현재 시점에서 가장 당첨률이 높아 보이는 기계를 선택하는 것은 당연하지만, 때로는 다른 기계의 당첨 확률을 체크할 필요도 있습니다. 모르는 사이 당첨 확률이 바뀌어 다른 기계가 더 잘 터질 가능성이 있으니까요.

게임 중 뇌의 활동을 조사하니 손익 비교를 담당하는 곳은 '안와전두피질'이었습니다. 안와전두피질의 활동은 확실히 돈을 딸 수 있는 기계를 선택하는 기준이 됩니다. 한편, 현재 안전하다고 판단되는 기계를 두고 굳이 다른 기계를 선택할 때는 '전두극피질'이 활성화됩니다. 이 두 곳이 균형을 이루면서 선택 행동을 결성하는 것입니다.

일상생활 속에서도 가장 안전한 패를 고르는 것이 가장 좋은 선택이라 생각하는 경우가 많습니다. 그러다 나중에 세상이 달라졌다는 것을 깨달았을 때는 이미 큰 손해를 입은 후일지도 모릅니다. 그렇다고 아무 근거도 없는데 무모하게 도전만 하는 것도 문제이지요. 이에 대처하기 위해 인간은 서로 대립하는 안와전두피질과 전두극피질을 진화 과정에서 발달시킨 것입니다.

즉 정보 이용과 정보 수집의 균형을 맞춰야 하는데 이상하게도 인간은 나이가 들면서 정보수집형 인간에서 정보이용형 인간으로 변해 가는 경향이 있습니다.

혹시 가까운 사람들하고만 이야기하다 하루가 끝나지 않나요? 새 레스토랑이 문을 열어도 늘 가던 단골 가게만 가지 않나요? 때로는 과감히 모험 뇌(전두극피질)를 해방시켜 보세요. 평소에는 느끼지 못했던 가슴 설레는 '젊음'을 유지할 수 있을 테니까요.

절대가치를 추량하는 회로를 마련한 뇌

안와전두피질에 관한 의외의 사실이 밝혀졌습니다. 안와전두피질은 앞서 설명했듯이 가치를 비교하는 일에 깊이 관여하는 '상대가치' 전용 뇌 부위로 여겨졌는데, 이 회로에 '절대가치'를 평가하는 뇌 회로가 존재한다는 것입니다. 주위 상황에 좌우되지 않고 가치를 일정하게 평가할 수 있는 뉴런 말입니다. 즉, 인간의 뇌는 상대가치뿐 아니라 다른 요인이 주는 영향에 휘둘리지 않고 객관적으로 볼 수 있는 능력도 함께 지니고 있다는 뜻입니다.

모든 것의 가치를 상대화하는 경향이 있는 시대이지만, 상대적 판단은 사실 근시안적인 전략에 지나지 않습니다. 장기적인 시점에서 무엇이 중요한지 찾아내기 위해서는 누가 뭐래도 절대가치를 추량하는 능력이 필요합니다. 이미 우리 뇌에는 그런 회로가 마련되어 있지요. 놀랍지 않나요? 그러니 우리도 상대가치에 매몰되어 선택하기보다 나만의 가치로 나에게 최적화된 선택을 할 수 있는 능력을 기르길 바랍니다.

헛소리도 영상으로 보면
믿는 이유

• 영상에 약한 뇌 •

예전에 '두뇌 트레이닝' 게임이 유행한 적이 있었습니다. 뇌 연구 현장에서는 두뇌 트레이닝의 효과를 어떻게 바라보고 있을 까요? 부정적인 견해도 적지 않지만, 개중에는 유의미한 효과가 있다고 보는 논문도 있습니다. 예를 들어, 뇌 영상을 활용한 스웨덴의 토르켈 클링베르그Torkel Klingberg 박사팀의 연구가 유명합니다. 그렇지만 과학자들 사이에서도 통일된 견해는 없습니다.

지금도 "공기놀이나 요리 등을 이용한 두뇌 트레이닝이 정말 효과가 있나요?"라는 질문을 종종 받는데, 사실 그럴 때마다 "글쎄요, 아무것도 하지 않는 것보단 낫지 않겠어요?"라는 궁색한 대답만 내놓고 있습니다.

제가 명확하게 대답하지 못하는 이유는 흔히 '두뇌에 좋다'라고 말하는 근거가 대부분 '○○을 하니 뇌가 활성화되었다, 따라서 ○○을 하면 뇌가 단련된다'라는 논리이기 때문입니다. 당연히 이러한 논리는 증명할 수가 없습니다. 이해가 되지 않는다면 '○○하면'에 떠오르는 일을 적당히 넣어 봅시다. 예를 들어 '강도가 총구를 겨누면'을 넣으면 어떨까요? 그런 연구 결과를 본 적은 없지만, 아마 긴박한 상황에서는 두뇌 회전이 빨라질 것입니다. 하지만 그걸 두뇌 트레이닝이라 말할 수 있을까요?

두뇌 트레이닝에서 중요한 핵심은 트레이닝 중에 '뇌가 어떻게 활성화되는가'가 아니라, 트레이닝에 의해 '뇌가 어떻게 변화(혹은 성장)하는가'입니다. 아무리 트레이닝 중에 뇌가 활성화되었다 하더라도 정작 뇌가 변화하지 않으면 트레이닝 '효과'가 있었다고 말할 수 없기 때문입니다.

엄밀히 말하면 뇌가 변화했다 하더라도 여전히 문제는 남아 있습니다. 성적이 향상되지 않으면 의미가 전혀 없기 때문이지요. 두뇌 트레이닝을 시도하는 사람이 기대하는 것은 뇌의 활성화가 아니라 성적 향상 또는 노화 예방일 테니까요.

이러한 점을 생각하면 '두뇌 트레이닝'이란 말 자체도 의미가 없습니다. 우리는 어디까지나 트레이닝을 통해 외적으로 나타나는 변화를 기대하기 때문이지요. 그러면서 뇌 안에서 무슨 일이 벌어지는지 신경 쓰는 것은 어찌 보면 기묘한 풍조입니다.

작업 기억을 향상시키는 트레이닝

두뇌 트레이닝의 모순에 대하여 많은 사람이 깨닫기 시작할 무렵, 클링베르그 박사팀은 '두뇌 트레이닝은 효과가 있다'라고 발표하며 충격을 불러일으켰습니다. 이 연구의 포인트는 두 가지입니다.

첫째, 트레이닝 중에 뇌가 어떻게 활성화되는지를 보는 것이 아니라 트레이닝 후에 뇌가 어떻게 변화되었는지에 주목했다는 점입니다. '변화' 여부가 중요하다는 것은 앞에서도 설명했지요.

둘째, 그 변화를 '도파민 수용체'의 양으로 관측했다는 점입니다. 도파민은 뇌의 신경전달물질 중 하나인데, 도파민의 신호를 받아들이는 안테나(수용체) 수가 변화한 것입니다. '뇌가 물질적으로 변화했다'는 사실은 충분히 강조할 만합니다.

클링베르그 박사팀의 트레이닝 방법은 비디오게임을 이용하지 않고 작업 기억working memory을 훈련하는 것입니다. 작업 기억은 일종의 즉시 기억immediate memory입니다. 한 예로 '2937401'과 같이 규칙이 없는 난수열을 기억하고 30초 후에 외워서 말해 보게 하는 실험이 있는데, 작업 기억은 훈련을 반복할 경우 점차 그 능력이 향상된다고 합니다. 이 트레이닝 방법을 통해 대뇌피질 도파민 수용체의 양이 변동했다는 사실이 이 연구 결과의 핵심입니다.

물론 이 연구 결과를 바로 어떠한 인과관계에 적용하기엔 무리가 있겠지만, 이미 과거 동물실험을 통해 대뇌피질 도파민 수용체의 활동을 저해하면 작업 기억이 저하된다는 사실이 밝혀진 바 있습니다. 또 알츠하이머병과 조현병에서도 작업 기억이 저하되었다고 하니, 클링베르그 박사팀의 연구에 큰 기대가 모일 것 같습니다.

참고로 클링베르그 박사팀의 실험은 20대 남성 13명을 대상으로 실행되었는데 하루에 35분씩 주 5회 진행하며 5주 정도 반복했다고 합니다. 끈기만 있다면 얼마든지 지속 가능한 양이지요?

설명이 너무 진짜 같으면 믿는다

MRI는 실로 획기적인 발명입니다. 2003년 노벨생리의학상도 MRI 개발자에게 수여되었지요. MRI는 인간의 뇌를 비침습적으로 관찰할 수 있다는 장점이 있는데, '비침습적'이란 말에는 '고통과 신체손상을 동반하지 않는다'는 의미가 내포되어 있습니다.

즉, MRI는 '자연스러운 상태'의 뇌를 관찰할 수 있습니다. 사랑, 자존심, 정의감, 의지 등 과거 신경과학자들이 손대지 못한 미지의 영역에까지 연구 범위를 확장하게 되었지요. 덕분에 뇌 연구와 심리학, 철학 사이의 간극이 눈에 띄게 좁아졌고, 현재 뇌과학은 다른 분야와 조금씩 융합되고 있습니다.

이러한 흐름에 흥분한 과학자들의 열띤 반응이 '뇌 열풍'의 불씨가 되지 않았나 싶습니다. 저도 뇌를 연구하는 한 명의 학자로서, 뇌가 주목을 받게 되어 솔직히 참 기쁩니다.

다만 '뇌 열풍'에도 문제가 있긴 합니다. 콜로라도주립대학교의 데이비드 맥케이브[David P. Mccabe] 박사와 캘리포니아대학교 로스앤젤레스 캠퍼스[UCLA]의 앨런 카스텔[Alan D. Castel] 박사가 수행한 기발한 실험은 그 문제를 상징적으로 보여 줍니다.

연구팀은 대학생 156명에게 '틀린 가설'을 뇌과학적으로 설명한 뒤 그 설이 얼마나 신뢰가 가는지 평가하도록 했습니다.

"텔레비전을 볼 때와 수학 문제를 풀 때는 공통된 뇌 부위(측두엽)가 활성화된다. 따라서 텔레비전을 보면 수학 풀이 능력이 향상된다."

이런 가설이 있다고 합시다. 앞서 말했듯이 이는 잘못된 결론을 도출한 것입니다.

맥케이브 박사팀과 카스텔 박사팀이 수행한 실험은 다음과 같습니다. 설명할 때(학생들에겐 거짓이란 사실을 알리지 않음), 다음 세 가지 설명 방법 중 가장 과학적으로 신빙성이 높다고 느껴지는 것이 무엇인지 평가하도록 했습니다.

해설 ① 설명문만 제시함

해설 ② 설명문과 MRI 뇌 영상 데이터를 함께 제시함

해설 ③ 설명문과 MRI 뇌 영상 데이터를 막대그래프로 정리
한 그림을 함께 제시함

여기서 그림 자체는 유용한 정보가 아닙니다. 어디까지나 그림은 부가적인 것일 뿐, 설명문에 쓰인 내용만 진짜 의미가 있는 정보이지요. 하지만 실험 결과, 해설 ②가 과학적 근거가 있어 가장 설득력이 있다는 평가를 받았습니다.

아무래도 우리는 뇌 영상을 보면 그것이 진짜인 양 믿어버리는 버릇이 있는 듯합니다. 생물윤리학자인 에릭 라신Eric Racine 박사는 이 효과를 '뉴로리얼리즘neurorealism(신경현실주의)'라고 부릅니다. 뉴로리얼리즘은 미디어 등에서 데이터를 극도로 단순화시켜 보여 주면 더욱 증폭됩니다.

영상을 사용한 설명에 약한 인간

MRI 영상 같은 뇌 활동 데이터는 그것이 얼마나 설득력이 있든 '상관관계'를 확인하는 것에 지나지 않는다는 점을 주의해야 합니다. 예를 들어, 맛있는 초콜릿을 먹을 때 뇌 영상을 촬영한다고 초콜릿이 맛있는 이유를 알 수 없습니다. 하물며 미각을 단련하는 두뇌 트레이닝 따위는 애초에 불가능합니다. 초콜릿이 맛있다는 것이나 텔레비전을 본다고 천재 수학자가 되진 않는다는 것은 굳이 뇌를 스캔해 보지 않아도 자명한 사실 아닌가요? 비즈니스이든 오락이든 '(언뜻 보기에) 과학적인 설명'이 가능하려면 최소한의 과학 리터러시(활용능력)가 필요합니다.

한편, 이 실험은 '상대를 설득할 때에는 프레젠테이션이 가장 효과적이다'라고도 해석할 수 있습니다. 같은 내용을 전달하더라도 '방식'이 어떠하냐에 따라 설득력이 다르기 때문입니다. 당연한 말이지만, 사내에서 기획을 통과시키거나 영업을 해서 계약을 따내려면 프레젠테이션 기술이 필요하다는 것입니다.

뇌 영상만 보여 줘도 설득되는 정도가 달라지는 걸 보면, 인간은 유독 영상을 사용한 설명에 약한 것 같네요.

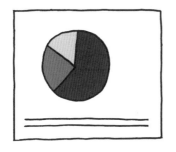

영상 자료를 보시면 ...

● 프레젠테이션 효과를 극대화하려면 영상을 활용하자

나도 모르는 사이
생겨버린 호불호

· 취향과 뇌 ·

전통을 자랑하는 도쿄대학교 축제 '오월제'에서 약학부 3학년들이 '어떤 술이 더 심하게 취할까?'라는 기발한 연구 결과를 발표한 적이 있습니다. 아주 오래전의 이야기입니다. 소규모 실험이긴 했지만, 술을 마시면 구토를 하는 특이한 실험동물인 사향쥐를 사용한다는 아이디어는 정말 기발했지요.

결과는 지금도 똑똑히 기억합니다. 같은 양의 술을 먹는다면 소주나 보드카보다 위스키를 마셨을 때 숙취가 더 심하다는 것이 그들이 내린 결론이었습니다. 학생들은 "술에 함유된 당분의 양에 따라 얼마나 취할지가 결정되는 것 같다"라고 추측했습니다.

그 후, '위스키나 버번 등은 무색의 술보다 숙취가 심하다'는 속설이 존재한다는 사실을 알게 되었습니다. 일종의 경험칙이었을까요?

놀랍게도 이 속설은 최근 들어 과학적인 실험에 의해 증명되었습니다. 실험을 진행한 이들은 미시간대학교의 다마리스 로제노우Damaris J. Rohsenow 박사팀입니다.

21세부터 33세까지의 피험자 95명을 모아 보드카 혹은 버번을 만취할 때까지 마시게 했더니, 다음날 버번을 마신 사람의 숙취가 더 심했다는 사실을 알게 된 것입니다. 버번에는 알코올 발효 과정에서 생기는 부산물이 보드카보다 37배나 많이 들어 있습니다. 로제노우 박사팀은 이러한 화합물이 숙취를 유발하는 원인 중 하나라고 생각했습니다.

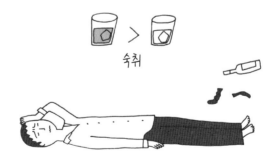

● 색이 있는 술을 조심하자

알코올 섭취 시의 뇌내 메커니즘

하루는 시간을 알차게 잘 쓰는 선배에게 "어떻게 하면 그렇게 효율적으로 시간을 쓸 수 있어요?"라고 물어보자 "간단해"라고 답했습니다. "술을 끊으면 돼."

선배의 우문현답에 고개를 끄덕이긴 했지만, 솔직히 저는 술을 좋아합니다. 술에는 거부할 수 없는 매력이 있거든요. 술이 센 편은 아니지만, 거의 매일 조금씩 마시고 있습니다. 늦은 밤 홀짝홀짝 들이키면서 과학 논문을 읽는 시간이 제 삶의 낙이랍니다.

2004년 미국에서 보고된 연구 결과에 따르면 사망률을 높이는 일상생활 속 요인으로 담배, 비만에 이어 술이 3위에 올랐습니다. 그럼에도 사람들은 술을 즐겨 마십니다. 술은 안도감을 부르고 긴장감을 풀고 스트레스와 불안을 줄여 소위 말하는 '탈억제 효과disinhibition effect'가 일으키기 때문입니다.

미국 국립위생연구소의 조디 길먼Jodi M. Gilman 박사팀은 알코올을 섭취했을 때 뇌에서 일어나는 반응을 MRI로 측정하는 실험을 진행했습니다.

평균연령 26.5세의 남녀 12명을 대상으로 검사를 실시했지요. 알코올을 마시지 않고 직접 정맥 내에 주입하는 실험이었는데, 바로 이 부분이 중요합니다. 원래 술은 마시면서 즐기는 것이지만, 그렇게 하면 개인 간의 기호 차가 너무 커서 실험에는 맞지 않거든요. 알코올이라는 화학물질이 뇌에 미치는 진짜 영향을 알고 싶다면 주사로 직접 주입하는 것이 효과적입니다.

그런데 알코올을 주입해 보니 눈에 띄는 반응을 보이는 뇌 부위들 중에 '선조체'가 있었습니다. 선조체는 쾌감에 관여하는 뇌 부위로 '보상중추'라 불리지요. 한마디로 알코올은 '쾌락'을 유발합니다.

일반적으로 술은 '사람을 취하게 하고 감각을 마비시키기' 위한 기호품이란 이미지가 있으니, '쾌락'이란 이미지까지는 떠오르지 않을 수도 있습니다. 또 가령 술을 '마시는' 행위가 즐거웠다고 하더라도 그것은 '맛있는 술'을 맛보기 때문이므로, 알코올을 정맥 내에 주입한다고 하면 이야기가 달라지지요.

하지만 알코올이라는 화학물질은 뇌의 보상중추를 활성화시켜 안도감, 나아가서는 습관성을 유발합니다. 미국 국립알코올남용 및 알코올중독연구소[NIAA] 소장인 조지 쿱[George F. Koob] 박사가 말한 '무슨 약물이든 남용하면 선조체가 활성화된다'는 가설은 알코올에도 해당됩니다.

이 실험에서 중요한 것은 취했음을 자각하는 정도가 혈중 알코올 농도와는 아무 관계가 없었다는 점입니다. 마찬가지로 알코올에 의해 야기되는 뇌 활동의 강도도 혈중 알코올 농도와 관계가 없었습니다.

즉, 알코올 섭취량과 대사속도는 자각증상과 직접적인 관련이 없다는 의미입니다. 오히려 '취했다'라는 감각과 관련이 있는 것은 선조체의 활동 강도였습니다.

술을 마셨을 때
'대단한 사람이 된 듯한 기분'이 드는 이유

길먼 박사팀은 더 나아가 피험자에게 얼굴 사진을 보여 주는 실험을 했습니다. 보통 우리는 '공포에 질린 표정'을 보면 불안에 휩싸입니다. 불안감은 전염되기 때문이지요. 실제로 '공포에 질린 얼굴'을 보았을 때 '편도체'와 '대상피질' 등 불안 정동情動에 관여하는 뇌 부위가 활성화된다고 합니다.

그런데 길먼 박사팀의 실험에 따르면 알코올을 투여한 사람들은 '공포에 질린 표정' 사진을 봐도 뇌에서 강한 불안 반응이 나타나지 않았습니다. 공포를 공포로 인식하지 못하는 것입니다.

술을 마셨을 때 내가 '대단한 사람이 된 듯한 기분'과 '들뜨고 과감해지는 느낌'을 느껴 보았다면 납득할 것입니다. 다만 이와 같은 결과는 전부 어디까지나 '알코올'의 약리효과를 조사한 실험입니다. 실제로는 누구나 '선호하는 술'이 있잖아요? 제가 와인과 맥주를 즐겨 마시는 것처럼 말이지요. 이런 의미에서 봤을 때, 술에는 단순히 '혈중 알코올 농도가 상승하면 기분이 좋아진다'

만으로는 설명할 수 없는 '무언가'가 있습니다.

현실 세계에서는 분명 실험실에서보다 훨씬 복잡한 뇌 반응이 일어나고 있을 것입니다. 현대인들은 굳이 '술과 유사한 논알코올 음료'까지 만드는 기묘한 동물이니까요.

알코올 중독 부모에게서 알코올 중독 자녀가 난다

여기서 술의 '취향'과 관련하여 다소 무서운 실험 결과를 하나 소개할까 합니다. 뉴욕주립대학교의 스티븐 영겐토브^{Steven L.} ^{Youngentob} 박사팀이 실시한 연구인데, 취향이 어떻게 형성되는지에 대한 의미 있는 제언을 하고 있습니다.

임신 중에 술을 마시면 태어난 자녀가 훗날 알코올에 중독될 가능성이 높다는 말 혹시 들어 봤나요? 이 가설은 실제로 검증하기가 어려워 확정적인 결론을 얻지 못했었는데요. 영겐토브 박사팀이 동물 실험을 통해 증명했습니다. 연구팀은 만삭인 쥐에게 열흘간 알코올을 마시게 하고 태어난 새끼 쥐의 알코올 기호도를 조사했습니다. 그 결과, 일반 쥐에 비해 알코올을 마신 어미에게서 태어난 쥐는 더 많은 알코올을 마신다는 것을 확인했습니다.

더 자세히 살펴보니, 알코올 기호도가 상승하는 것이 아니라 알코올에 대한 혐오가 줄어들면서 알코올 섭취량이 증가한다는 사실을 알 수 있었습니다.

그러고 보면 저 역시 젊은 시절에는 술 냄새를 역하게 느꼈던 기억이 있습니다. 당시에는 술이랑 음료수를 냄새만으로 구별할 정도였지요. 그런데 현재는 술의 맛과 냄새에 혐오를 느끼지 않습니다. 마치 감각이 마비된 것처럼 말이죠.

즉, 생물학적으로 말하자면 원래 알코올은 불쾌한 존재인데 학습과 경험을 통해 극복하여 기호품이 되었다는 것입니다. 그리고 앞에서 예로 든 쥐 실험도, 어미 배 속에 있을 때 알코올에 노출되면 알코올 냄새와 맛에 대한 본능적인 방어가 약해지기 때문이라고 볼 수 있습니다.

'그냥 좋아' 또는 '그냥 싫어'라고 말하는 숨은 이유

이 실험은 알코올이 주는 표면적인 즐거움 그 이상의 의미를 지닙니다. 왜냐하면 '취향'이란 것의 본질에 접근했기 때문입니다. 이 연구 결과는 '취향이 본인도 모르는 사이에 형성된다'는 것을 의미합니다. 이렇듯 자각이 없는 '취향'과 관련하여 인간을 대상으로 실험한 연구 결과도 있습니다.

예를 들어, 젖먹이 아기 옆에 하얀 토끼 인형을 둡니다. 인간의 뇌에는 자연과 생명을 사랑하는 본능적인 감정인 바이오필리아^{biophilia}가 각인되어 있기 때문에, 아기는 배운 것도 아닌데 인형에 관심을 보이고 가까이 다가갈 것입니다.

그리고 아기가 인형 가까이 다가간 순간 등 뒤에서 징을 세게 칩니다. 아기는 큰소리를 싫어하므로 놀라서 울겠지요. 이를 몇 번 반복하면 하얀 토끼 인형에 더 이상 가까이 다가가려고 하지 않습니다. 이러한 과정을 '조건화^{conditioning}'라 부릅니다.

이 실험에서 흥미로운 점은 '일반화'가 나타난다는 것입니다. 예를 들어, 이 아기는 토끼 인형뿐 아니라 이와 비슷한 것까지도 죄다 싫어하게 됩니다. 살아 있는 하얀 토끼나 하얀 쥐는 물론이고, 하얀 것들을 전반적으로 다 싫어하게 되지요. 심지어 하얀 옷을 입은 간호사, 하얀 수염의 산타클로스까지도!

이 아기는 성인이 된 후에도 이 실험 때문에 하얀 것을 싫어할 가능성이 있습니다. 하지만 본인은 자신이 왜 하얀 것들을 싫어하는지 모릅니다. 왜냐하면 너무 어릴 때 겪은 경험이거든요. 그냥 이유도 모르고 본능적으로 거부하는 상태가 된 것입니다.

일반화를 통해 형성된 우리의 취향은 의식적으로 봤을 때는 근거가 없는 것, 혹은 오해로 인한 것이 적지 않다고 생각합니다.

오히려 '이유는 모르겠는데 그냥'과 같이 무의식적으로 형성된 본능적인 호불호(취향)야말로 인격과 성격에서 압도적인 부분을 차지하고 있다고 봅니다.

● 호불호의 이유는 예상치 못한 곳에 숨어 있었다

직감을 믿어야 할 때는
따로 있다

• 직감하는 뇌 •

보스턴대학교의 와타나베 다케오渡邊武郎 박사팀이 한 연구를 볼까요? 와타나베 박사팀은 판단 학습 테스트에서 '무의식 속의 나는 꽤 똑똑한 놈'이라는 사실을 증명해 냈습니다.

테스트는 매우 간단했습니다. 모니터에 나온 모양이 어느 쪽으로 이동하고 있는지를 판단하는 것이었죠. 단, 모니터에는 노이즈가 있어 이동 방향이 분명하게 보이지 않습니다. 테스트 결과 정답률은 그냥 찍어서 대답하는 수준이었습니다. 즉, 움직임을 전혀 인지하지 못한 것입니다.

그래서 이번에는 테스트하지 않고 같은 영상을 그냥 가만히 보고 있도록 했습니다. 피험자가 이동 방향을 인지할 수 없다는 건 똑같은데, 이번에는 특별한 장치를 마련했습니다. 특정 방향으로 이동하는 영상이 나왔을 때만 입에 문 튜브에서 물이 나와 물을 마실 수 있도록 한 것입니다. 사실 이 영상을 보는 피험자들은 한동안 음식과 물을 먹지 못한 상태입니다. 그러니 물이 나온다는 건 매우 반가운 상황입니다.

이처럼 특정 방향으로 이동하는 영상에서만 포상을 받는 경험을 한 뒤, 다시 판단 테스트를 실시했습니다. 놀랍게도 이전엔 그냥 찍어서 정답을 맞히는 수준이었는데, 이번에는 그 특정 방향으로 이동하는 영상에 대해서만 정답률이 높았습니다. 인지능력이 향상된 것입니다. 물론 의식적으로 이동 방향을 판단한 것은 아니기에, 피험자 본인은 맞혔다는 자각이 전혀 없습니다. 감에 따라 행동했을 뿐인데 본인조차도 깜짝 놀랄 만큼 정답을 맞힌 것입니다.

이제 아시겠지요? 이 실험의 틀은 '파블로프의 개'로 유명한 조건화 실험과 똑같습니다. '파블로프의 개'란 종소리를 들으면 침을 흘리도록 개를 훈련시키는 실험을 말합니다. 그런데 이 실험 틀을 인간에게, 그것도 무의식에 적용시켰다는 것이 바로 이 연구의 포인트입니다. 인간은 의식적으로 기억하기도 하지만 무의식적으로도 학습하고 성장합니다. 런던대학교의 마티아스 페시글리오네[Mathias Pessiglione] 박사팀과 ATR(일본국제전기통신기초기술연구소)의 가와토 미쓰오[川人光男] 박사팀도 무의식 상태에서 이루어지는 인간의 학습을 멋지게 증명했습니다. 단, 무의식 상태에서 이루어졌기에 피험자 본인은 자신이 성장했다는 걸 실감하지 못하므로 알아차리기가 쉽지 않습니다.

제가 느끼기에는 의식적 학습보다 무의식적 학습이 인간의 인격과 성장에 더 큰 영향을 주는 것 같습니다. 예술적 감각, 요리 센스, 디자인이나 기획 같은 능력은 아마도 명시적인 의식이 아닌 무의식적 학습의 산물이라 봐야겠지요.

'발상'과 '직감'은 어떻게 다를까?

지금까지 전 기회가 있을 때마다 번뜩이는 '발상'과 '직감'의 차이에 대해 강조했습니다. 일상생활에서는 이 둘을 비슷한 뉘앙스로 사용할지도 모르지만, 뇌 연구 현장에서는 분명히 구별하여 다룹니다. 직감도 발상도 '문득 생각이 나는' 상황이란 점은 비슷합니다. 하지만 생각이 난 이후의 상태가 전혀 다릅니다.

'발상'은 생각이 떠오른 후 그 답의 이유를 언어화할 수 있습니다. "조금 전까지는 몰랐는데, 지금은 이 답의 이유를 알 것 같다. 왜냐하면 이러이러하고 저러저러하니……"라는 식으로 그 이유를 본인도 분명하게 알고 있습니다. 이것이 '발상'입니다.

반면에 '직감'은 본인도 이유를 모르는 막연한 확신을 가리킵니다. "왠지 그냥"이라고밖에 말할 방법이 없는 애매한 감각을 말합니다. 근거는 명확하지 않지만 그 답이 옳다는 것을 막연하게나마 확신하는 것이 직감입니다. 중요한 건 의외로 직감은 맞을 때가 있다는 사실입니다. 단순히 때려 맞히거나 아무렇게나 지어낸 말과는 결정적으로 다릅니다.

저는 종종 발상을 '지적 추론'이라 말하고, 직감을 '동물적 감'이라 설명합니다. 한마디로 발상은 진술적이고 직감은 비진술적입니다. 참고로 직감력은 나이가 들수록 강해집니다. 경험은 절대 무시할 수 없거든요.

논리적 사고와 추론적 사고

'발상'과 '직감'에 관한 설명은 이 정도로 하고, 지금부터는 대만대학교의 황젠양 박사팀이 발표한 논문을 살펴보겠습니다. '발상'은 두 가지 유형으로 나눌 수 있다고 합니다.

우선 다음과 같은 설문조사를 한다고 생각합시다. "무엇이든 좋으니 숫자를 딱 하나만 꼽아 보세요"라고 물으면 순간적으로 튀어나오는 숫자는 2와 7과 10이 많다고 합니다.

또 색깔을 하나 고르도록 하면 빨강과 파랑이 비슷하게 인기 있습니다. 한편, 좋아하는 연도를 꼽으라고 하면 올해를 꼽는 사람이 전체의 6.8% 정도입니다.

그런데 딱 두 사람만 대답을 하고 있는 상황에서 상대와 똑같은 대답을 하면 상금을 주겠다고 말하면 대답의 경향이 완전히 바뀝니다. 숫자는 '1', 색깔은 '빨강'이라고 대답하는 사람이 확 늘어나거든요. 연도의 경우는 올해를 말하는 사람이 61.1% 정도라고 하니, 거의 9배가 늘어난 셈입니다.

황젠잉 박사팀은 '발상'에도 논리적으로 정답을 도출하는 유형과 상대가 어떻게 답할지 추측하여 판단하는 유형이 있다는 점을 지적하며, 각각의 유형에 관여하는 뇌의 활동을 조사했습니다. 그 결과, 똑같은 '발상'이지만 논리적으로 정답을 도출할 때와 상대의 답을 추측할 때는 뇌 사용법이 전혀 다르다는 점을 발견했습니다.

논리적 사고와 추론적 사고는 모두 비즈니스 현장에서 필요한 능력이지만, 뇌가 이러한 이중 시스템을 사용하는 이상 우리는 이 두 가지가 별개의 기능임을 분명히 인식하고 의식적으로 키울 필요가 있을지도 모릅니다.

직감이 들어맞지 않는 경우들

그런데 '직감'이나 '감'이라고 하면 뭔가 초자연적이고 미신적인 것처럼 느끼는 사람이 있는 듯합니다. 그러나 앞서 강조했듯이 실제로 이것은 뇌가 실제로 지닌 능력입니다. 직감의 특징은 다음과 같습니다.

① 판단이 빠르다
② 거의 들어맞는다
③ 경험에 의해 발달된다

직감은 '선조체'와 '소뇌' 등의 뇌 부위와 관련이 있다고 알려져 있습니다. 직감 자체는 매우 흥미로운 주제이지만, 이에 대해선 이미 예전 책에서 설명했기 때문에 이번에는 '직감이 들어맞지 않는' 희귀한 경우를 살펴보려 합니다.

예를 들어, 다음 세 개의 그림 중 두 막대의 길이가 똑같은 것은 무엇일까요? 둘 중 하나가 세워져 있으면 꽤 헷갈립니다. 이 예는 '눈의 착각(착시)'으로 유명합니다. 착시는 '직감'이 제대로 작용하지 않는 특수한 경우를 가리키는데 반대로 말하면, 시각의 경우에는 대개 직감대로 판단하면 들어맞는다는 의미입니다. 하지만 그런 경우는 예로 들어도 재미없으니 굳이 얘기하지 않죠.

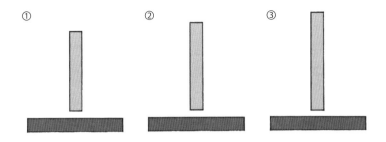

● 막대 두 개의 길이가 똑같은 조합은 어느 것일까?

　잠시 옆길로 좀 샌 듯하지만, 이것은 매우 중요합니다. 일반적으로 평범한 정보는 정보로서 기능하지 않습니다. 굳이 화제로 삼는다는 것은 그만큼 희귀한 경우라는 뜻이지요. 즉, 정보로 선택된 시점에서 이미 편향이 가해졌다고 볼 수 있습니다. 세간에 떠도는 가십이나 뉴스 등은 현저하게 그러한 경향을 보입니다. 어쩌면 언급조차 하지 않을 만큼 평범한 것이야말로 진짜로 중요한 것일지도 모릅니다(위 그림의 정답은 ③).

인간의 뇌는 어떠한 약점을 가졌을까?

　다시 본론으로 돌아갈까요? 방금 직감이 들어맞지 않는 희귀한 경우를 소개했습니다. 직감의 오작동은 시각적 착각을 일으킬

때 말고 수치를 예측할 때도 많이 일어납니다.

1에서 10까지 숫자를 모두 더하면 55가 됩니다. 그럼 1에서 10까지 숫자를 모두 곱하면 얼마가 될까요? 숫자에 익숙하지 않은 사람은 '몇 천 정도가 아닐까?' 하고 직감으로 판단하는 경우가 많습니다. 실제로 계산을 하면 360만을 넘습니다.

이 정도라면 단순히 웃고 넘어갈 수 있지만, 저는 약학부에서 일을 하고 있는 관계로 의료 검사법의 신뢰성에 대해 생각할 때가 종종 있습니다.

예를 들어, 1만 명 중 1명꼴로 감염이 일어나는 질병이 있다고 가정한다면 이 질병은 사망에 이를 확률이 높으니 무조건 조기에 발견해야 합니다. 그런 가운데 한 제약회사가 '신뢰성 99%'의 높은 검출력을 자랑하는 검사법을 개발했습니다. 만약 당신이 이 질병에 감염되었다면 99%의 확률로 양성이 뜨고, 오류가 일어나 양성이 뜰 확률은 겨우 1%밖에 되지 않는 엄청난 시험법입니다. 당신은 얼른 검사를 받았고, 그 결과 '양성' 판정을 받았습니다.

이 경우 대부분은 심하게 낙담할 것입니다. '신뢰성이 99%이니까 내가 감염되었을 확률은 거의 100%야……'라며 말이지요. 하지만 그 직감은 틀렸습니다.

이성적으로 생각해 봅시다. 포인트는 '이 감염증에 걸릴 확률이 1만 분의 1'이라는 것입니다. 이 확률을 고려해야 합니다. 약간 엉성할 수도 있지만 다음과 같이 계산하면 이해하기 쉬울 것입니다. 1만 명 중 1명이라는 것은 100만 명이 있다면 100명의 감염자가 있다는 뜻입니다. 신뢰도가 99%이니 이 100명 중 99명은 양성이라 판정되겠지요.

하지만 잊지 말아야 할 것이 있습니다. 100만 명 중 감염되지 않은 사람이 99만 9,900명이란 사실이지요. 이 비감염자의 1%가 오류로 인해 '양성' 판정을 받게 되는 것입니다. 9,999명은 사실 감염되지도 않았는데 양성 판정을 받게 됩니다.

이제 아시겠지요? 100만 명의 사람을 신뢰도 99%의 검사법으로 검사하면 99명+9,999명, 다시 말해 총 10,098명이 양성 판정을 받게 됩니다. 하지만 10,098명 중 '진짜로 감염된 환자'는 99명밖에 없으니 '양성'이란 진단이 내려져도 실제로 감염되었을 확률은 1%에도 못 미칩니다. 양성이라고 해서 낙담하기는 이르다는 말입니다.

이처럼 인간의 뇌는 '수치'를 직감하는 능력이 매우 약한 경향이 있습니다. 아마도 오랜 진화 과정 속에서 비교적 최근에 와서야 인류가 숫자 개념을 다루기 시작했다는 것과 관련이 있지 않을까요?

PART
2

내 마음대로?
뇌 마음대로!

타인의 삶을 보며
불안해하는 이유

• 타인과 비교하는 뇌 •

질투심과 열등감은 분류상 사회적 감정에 속합니다. 혼자 있을 때는 생기지 않고, 비교 대상인 타인이 있어야 생기는 감정이니까요. 원숭이나 개도 질투와 유사한 행동을 보이지만, 질투심이나 열등감을 가장 강하게 느끼는 건 누가 뭐래도 우리 인간입니다. 그러니 이러한 마음의 뿌리를 탐색하는 연구는 역시 인간을 대상으로 해야겠지요.

매우 흥미로운 연구를 하나 소개하겠습니다. 영국 킹스칼리지런던의 한스 크리스토프 프리드리히 Hans-Christoph Friederich 박사팀의 연구입니다. 연구팀은 날씬한 몸매를 동경하는 여성들의 심리에 주목했습니다.

자신의 신체에 대한 불만은 선진국에서 자란 여성들에게서 특히 강하게 나타난다고 합니다. 실제로 MRI(자기공명영상장치)로 뇌 활동을 측정하니 여성의 경우 신체와 관련된 언어에 독특한 반응을 보였습니다. 이러한 데이터를 보면 신체적 열등감은 사회 문화적 환경에 의해 후천적으로 형성된 심리임을 알 수 있습니다. 주된 원인은 말할 것도 없습니다. 바로 미디어입니다. 대부분의 일반 여성들은 미디어에 노출된 심하게 마른 여성 모델의 몸매를 '이상적인 몸매'로 생각합니다.

케빈 톰슨Kevin J. Thompson은 자신의 저서 『엄격한 아름다움Exacting Beauty』에서 '여성들이 추구하는 이상적인 아름다움은 극단적으로 (대부분의 여자들은 도달하기 어려울 정도로) 마른 몸'이라고 말하고 있습니다. 이를 사회비교론 측면에서 확장하면 결과적으로 이러한 외적 가치 기준이 자존감을 떨어트립니다. 심하면 거식증이나 우울증으로 이어질 수 있으니 절대 가볍게 넘길 문제가 아닙니다.

프리드리히 박사팀은 BMI가 17.5~25.0으로 평균에 해당하는 16세부터 35세까지의 여성 18명을 대상으로 연구를 진행했습니다. 모델 사진을 보여 주고 자신과 비교하도록 한 뒤, 피험자들의 뇌 활동을 MRI로 측정해 기록한 것입니다.

그랬더니 모델의 몸을 봤을 때 유독 강하게 반응하는 뇌 부위가 몇 군데 있었습니다. 바로 불안과 고통에 관여한다고 알려진 '전대상피질'과 '편도체' 등입니다.

타인과의 비교가 '불안'을 유발하는 뇌 회로를 활성화시킨다니 흥미롭지 않나요? 우리는 모두 자신의 내면에 있는 열등감과 질투심이 흔히 말하는 불안과는 다른 별개의 감정이라는 것을 알고 있습니다. 저 자신도 그렇고요. 그래서 '불안'이란 표현과는 별개로 '열등감', '질투' 등의 단어가 존재하는 것입니다.

하지만 뇌 활동을 측정한 결과는 불안과 열등감이 사실은 공통된 동물적 감정이라는 사실을 암시하는 듯합니다. 어쩌면 진화적으로 공통된 뿌리를 갖고 있을지도 모르지요. 이러한 관점에서 프리드리히 박사팀은 논문에서 '열등감'이나 '질투심'이 아닌 '불안'이라는 표현을 빈번히 사용하고 있습니다.

타인의 불행을 보며 기뻐하는 뇌

이 '질투'라는 감정을 좀 더 사회적인 비교에 응용하는 연구가 있습니다. 다카하시 히데히코高橋英彦 박사팀이 방사선의학종합연구소에서 실시한 실험입니다. 연구팀은 평균 나이 22세인 남녀 19명에게 동창들이 사회적으로 성공하여 부러운 삶을 살고 있는 모습을 상상하도록 했습니다. 그러자 앞서 소개한 프리드리히 박사팀의 실험과 마찬가지로 전대상피질이 활동한다는 사실을 알 수 있었습니다. 역시 불안과 질투는 유사한 감정이네요.

그런데 이 연구에서는 좀 더 자극적인 시도를 했습니다. '그 부러운 동창이 불의의 사고를 당하거나 배우자의 바람 등으로 불행하게 살고 있다'라는 사실을 알게 되었을 때의 뇌 활동을 측정한 것입니다. 부러워하던 대상이 망했으니 예상대로 전대상피질은 더는 활동하지 않았지만, 흥미롭게도 전대상피질 대신 '측좌핵'이 활동을 시작했습니다.

측좌핵은 쾌감을 유발하는 뇌 부위, 즉 '보상중추'입니다. 한마디로 기분이 좋은 것입니다. 흥미롭게도 전대상피질의 활동이

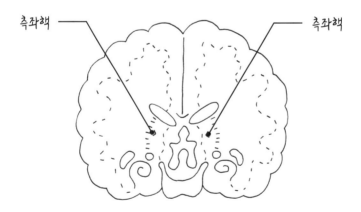

● 측좌핵은 쾌감을 유발하는 '보상중추'이다

활발한 사람일수록 측좌핵의 활동도 활발했습니다.

혹시 '샤덴프로이데^{Schadenfreude}'라는 말을 들어본 적 있나요? 샤덴프로이데는 타인의 불행을 기뻐하는 감정을 뜻합니다. 남이 실패했다고 노골적으로 기뻐하면 보통 세간에선 심보가 고약하다며 손가락질합니다. 하지만 다카하시 박사팀의 연구 결과는 샤덴프로이데가 우리 뇌 회로에 존재하는 감정임을 너무도 분명하게 보여 줍니다. 아무리 겉으로 동정하는 척 행동해도, 타인의 불행을 보면 기분이 좋아지는 그 마음은 우리 뇌에 이미 각인된 근원적인 감정이란 것입니다.

보상중추는 말하자면 뇌에게 주는 선물입니다. 보상은 의욕이나 동기부여와도 깊은 관련이 있습니다. 이렇게 생각하면 '타인의 불행을 발판으로 삼아' 자신을 고무하는 것은 보편적인 심리 경향일지도 모릅니다. 그렇다면 그저 '심보가 고약하다', '비열하다' 등과 같이 단편적으로 단정 짓는 것도 생물학적 관점에서는 옳지 않다고 봐야 하려나요?

뇌는 자신을 '잘난 놈'이라 여긴다

타인과 비교하는 이야기로 다시 돌아가 볼까요? 우리 뇌는 스스로를 '잘난 놈'이라 믿고 있습니다. 실제로 그런 설문조사 결과가 존재합니다. 미국에서 한 연구 결과이므로 일본인과는 다른 국민성이 반영되었을 가능성을 고려해야겠지만 꽤나 흥미롭습니다.

고등학생 100만 명을 대상으로 설문조사를 한 결과, 70%가 '나의 리더십은 동급생들에 비해 평균 이상이다'라고 답했습니다. 한편 자신의 리더십이 평균 이하라고 답한 학생들은 2%에 불과했습니다. 이러한 수치는 '평균치'의 개념을 생각하면 모순됩니다. 그만큼 인간은 자신을 높이 평가하는 경향이 있다는 뜻이지요.

참고로 '타인과 잘 지내는 능력'을 묻자 '상위 25% 이내에 해당한다'라고 답한 학생이 60% 이상이란 점도 흥미로운 부분입니다. 심지어 대학 교수들의 경우는 무려 94%가 '난 동료 교수들보다 우수하다'라고 답했습니다. 교수라는 지위에 있으면 본인들이 느끼기에도 '선택받은 엘리트'라는 생각이 들 테니 이렇게 극단적인 수치가 나오나 봅니다.

'겸손'을 미덕(?)으로 생각하는 일본인을 대상으로 똑같은 설문조사를 한다면 아마 자신감 과잉 정도가 다소 낮을 것입니다. 하지만 그것도 표면적인 대답일 뿐 본심은 미국과 비슷한 수준일 것이라고 지적하는 전문가도 있습니다.

그런데 '능력'이 아니라 자신의 '성격'에 대해 질문하면 연구 결과가 단번에 현실감을 띱니다. 실제로 일본인을 대상으로 질문

해도 대부분 스스로를 '나는 평균 이상으로 공평하며, 평균 이하의 편견을 가졌다'라고 평가한다고 합니다.

중독적인 쾌감을 낳는 장소

이런 기묘한 현상이 발생하는 이유는 여러 가지겠지만, 그중 하나가 '정보의 편향'입니다. 아이들에게는 자신을 꾸짖는 부모와 선생님이 있습니다. 하지만 나이가 들수록 혹은 사회적 지위가 높아질수록 자신을 꾸짖는 사람이 적어집니다. 교수라도 되면 주위에서 "역시 ○○ 교수님!", "설명이 친절해서 귀에 쏙쏙 들어옵니다!", "대단하세요, 몸이 열 개라도 모자라겠어요"라며 비행기 태우는 말들을 많이 합니다. 그냥 인사치레로 하는 말이란 걸 자신도 알고 있지만, 그런 말들을 자꾸 듣다 보면 어느 순간 '난 대단해'라는 생각이 들 수밖에 없습니다.

자연과학연구기구 생리학연구소의 사다토 노리히로定藤規弘 박사팀의 실험에 의하면, 타인으로부터 '믿음이 간다'라든가 '친절하다' 등과 같은 좋은 평가를 받을 때 측좌핵이 활동한다고 합니다. 앞서 말했듯이, 측좌핵은 보상중추입니다. 돈을 받거나 누군가를 이겼을 때 활동하는 뇌 부위, 즉 중독적인 '쾌감'을 낳는 장소이지요.

뇌 입장에서도 '내 평판이 좋다'는 것은 명백한 쾌감입니다. 관심이 있는 정보에 귀를 기울이고, 반대로 듣기 싫은 정보는 무의식적으로 배제하려는 것은 자연의 섭리이지요. 그래서 우리는 보고 싶은 대로 인식하고 믿고 싶은 대로 해석하며 뇌 안에서 자신의 바람을 이룹니다. 아마도 본인에게는 너무나도 기분 좋은 과정이겠지만, 사실 이것이 함정이 될 수도 있습니다.

● '자신감 과잉 상태'에 이르는 과정은 어떠할까?

무모함은 때로 도움이 된다

자신의 수준을 정확하게 판단하지 못하는 이러한 경향은 평가에 오류가 있음을 의미하므로 자칫 불리하게 작용할 수 있습니다. 그런데 왜 진화 과정에서 도태되지 않은 걸까요? 에든버러대학교의 도미닉 존슨Dominic D. Johnson 박사팀은 흥미로운 가설을 제시했습니다. 그는 전산 시뮬레이션을 통해 자신의 능력을 실제보다 높게 평가하는 사람은 때때로 경합에서 자신에게 유리하도록 움직여 결국 집단 내에서 우위에 선다는 사실을 증명했습니다. 싸우지 않고 승리할 순 없습니다. 무모함은 첫걸음을 내딛는 데에 도움이 됩니다.

그러고 보면 "항상 자신이 없어요"라고 말하는 나약한 사장은 별로 본 적이 없습니다. 자신을 과대평가하는 것은 리더의 필수 자질이니까요. 자신감과 자긍심을 갖고 일하는 사람은 빛나고 매력적으로 보입니다.

그런데 일본 사회는 적어도 겉으로는 '겸손'해야 한다고 생각하는 듯합니다. 인간의 뇌가 걸핏하면 스스로를 과대평가한다는 사실을 알고 겸손한 마음을 가진다면 아마 적절한 자기평가를 내릴 수 있겠지요.

'긍지'와 '기쁨'은 별개의 감정이다

앞서 소개했던 다카하시 히데히코 박사팀의 연구를 하나 더 소개할까 합니다. 16명의 일본인 자원자를 대상으로 프라이드를 느낄 때와 기쁨을 느낄 때의 뇌 활동을 비교했습니다. 피험자에게 적절한 문장을 읽도록 준 뒤 ① 프라이드를 느끼는 경우 ② 기쁨을 느끼는 경우 ③ 중립적인 경우, 이렇게 세 종류의 감정을 끌어냈습니다.

프라이드를 느끼는 예로는 '최고학부를 졸업했다', '수학에서 만점을 받았다' 같은 상황이 있었고, 기쁨을 느끼는 예로는 '크리스마스 선물을 받았다', '좋아하는 케이크를 먹었다' 같은 상황이 있었습니다. 한편 '감기에 걸려서 약을 샀다', '텔레비전에서 스포츠 뉴스를 봤다' 같은 경우가 중립적인 상황에 해당됐습니다.

이 세 가지 상황을 통해 뇌 활동을 비교한 결과 프라이드를 느끼는 상황에서는 사회적 인식과 관련된 뇌 부위가, 기쁨을 느

● ① 프라이드를 느끼는 경우 ② 기쁨을 느끼는 경우 ③ 중립적인 경우

끼는 상황에서는 쾌락, 식욕과 관련된 뇌 부위가 활성화되었습니다. 다시 말해, (적어도 일본인의 경우에는) 프라이드와 기쁨이 별개의 감정이라는 것입니다. 역시 프라이드는 타인을 의식해야 비로소 생겨나는 인간관계에 기인한 감정인 듯합니다.

프랑스 사상가 샹포르^{Sébastien-Roch Nicolas de Chamfort}는 "프라이드는 미덕의 원천이다"라는 말을 남겼다고 합니다. 물론 프라이드가 너무 강하면 사교성이 떨어지겠지만, 일반적으로는 서로의 프라이드를 존중해야 유연하고 유기적인 사회가 만들어지겠죠?

우리는 왜 남의 물건을
훔치지 않을까?

• 남을 의식하는 뇌 •

인간은 사회적 집단을 형성하는 동물입니다. 그런데 '사회성', '집단성'이란 무엇일까요? 아마 정의하기는 쉽지 않을 것입니다. 사회 행동연구 방면의 권위자로 알려진 캘리포니아공과대학교의 랄프 아돌프스^{Raplh Adolphs} 박사는 사회적 인지를 '자신과 타인의 행동을 지각하고 해석하는 정보처리과정'이라 정의합니다.

좀 더 기능적인 면에 초점을 맞추어 행동을 억제하는 것이라 정의하는 연구자도 있습니다. 혼자 있을 때 마음껏 하던 행위를 남 앞에서 할 수 없다면, 그것은 사회적 인지라는 것입니다.

● 혼자 있을 땐 할 수 있지만 남 앞에선 할 수 없다

예를 들어, 어떠한 공간에 나 혼자뿐이라면 아무렇지 않게 코를 후비고 방귀를 뀌겠지만 나 말고 다른 사람이 있으면 아마 참을 것입니다. 그렇게 생각하니 '남의 시선을 의식하는 습성'이 사회성의 바탕을 이룬다고도 할 수 있겠네요.

협동심이 있는 물고기

뇌샤텔대학교의 레두안 비샤리Redouan Bshary 박사팀은 인간이 아니라 물고기를 대상으로 재미있는 실험을 진행했습니다. 실험에 사용한 물고기는 청줄청소놀래기입니다. 아마 바닷물고기를 좋아하는 사람들에겐 익숙한 어종일 것입니다.

청줄청소놀래기는 독특한 행동을 보입니다. 자바리나 자이언트 그루퍼 같이 몸집이 큰 물고기(여기선 '고객'이라 부르기로 함)에 붙은 기생충을 먹어 치워 청소해 주는 것입니다. 부부 금실이 좋아 종종 암수 두 마리가 한 팀이 되어 고객을 청소해 줍니다.

그런데 흥미로운 사실은 청줄청소놀래기가 사실 기생충을 그리 좋아하지 않는다는 점입니다. 실제로는 고객이 분비하는 점액을 더 좋아합니다. 하지만 점액을 너무 많이 먹으면 고객이 청줄청소놀래기를 버려둔 채 가 버리니, 일자리를 잃을까 봐 어쩔 수 없이 기생충을 먹는 것입니다.

청줄청소놀래기가 쌍을 지어 행동할 때 한 마리가 점액을 많이 먹어 버리면 다른 한 마리가 점액을 먹지 못하는데 이때 다른 개체를 의식한 행동이 나올 가능성이 있지요. 비샤리 박사팀은 이 점에 주목하여 혼자 청소할 때와 쌍을 지어 청소할 때 점액을 먹는 비율을 비교했습니다. 그런데 흥미롭게도 쌍을 지어 청소할 때는 점액을 먹는 비율이 절반 가까이 줄었습니다. 다른 개체가 있으니 이기적으로 욕심을 부리지 않고 자제한 것입니다.

연구팀은 실험을 계속 진행했습니다. 수조에서 기르던 청줄청소놀래기에게 먹이로 새우와 상어고기를 동시에 준 것입니다. 청줄청소놀래기가 한 마리밖에 없을 때는 원래 좋아하던 새우를 골라 먹었지만, 두 마리가 먹이를 나눠야 하는 경우에는 새우를 적게 먹고 그 대신 상어고기를 선택했습니다.

청줄청소놀래기가 무슨 생각으로 행동을 바꾸었는지 알 방법은 없지만, 저는 그 모습에서 단순한 협동심을 넘어 배려와 이타심까지 느낄 수 있었습니다.

왜 우리는 남의 물건을 훔치지 않는가?

사회 행동에서 중요한 요소는 '희생'입니다. 자신이 손해를 보더라도 남을 위해 헌신하는 것입니다. 사회 발전에 이바지하는 봉사 정신, 너무나 아름답지 않나요?

남의 물건은 왜 훔치면 안 될까요? 사실 지극히 당연한 규범이라 물을 가치도 없는 의문입니다. 그런데 막상 진지하게 답하려고 하면 그게 또 쉽지가 않습니다. 실제로 철학자조차 대답하기 어려울 만큼 까다로운 난제이거든요.

우리는 왜 남의 물건을 훔치지 않을까요? 아니, 왜 훔치면 안 된다고 생각할까요? 하나 확실한 것은 타인의 소유물을 마음대로 훔쳐도 괜찮다면, 결국 돌고 돌아 내 물건도 도둑맞을 가능성이 커진다는 것입니다. 그렇다면 남의 물건을 훔치지 않는 이유에는 사실 '나를 위해서'라는 숨은 의미도 있다고 할 수 있겠지요.

당연한 말이지만 대부분 인간은 자신의 이익을 우선시합니다. 자본주의 사회의 기본 원리는 그러한 인간의 습성 위에 성립되었지요. 하지만 때때로 우리는 자신의 이익을 희생해서라도 도덕이나 사회적 가치를 우선합니다.

순수하게 손익만 따진다면 길거리에서 도둑이나 치한을 보더라도 못 본 척하거나 깊이 관여하지 않는 것이 이득입니다. 하지만 인간은 자신의 노력과 시간을 쓰면서까지 어떻게든 나쁜 놈을 붙잡아 응징하려 하거나 '수고스럽게' 경찰에 신고합니다.

인간이란 동물은 왜인지 몰라도 이렇게 자기희생적인 행동을 하도록 프로그래밍되어 있습니다. 그렇기 때문에 사회질서가 유지되고 규범이 지켜지는 것입니다. 그런데 도대체 우리 인간의 뇌 구조는 어떻게 되어 있는지 참 궁금합니다.

자기희생의 특징은 앞서 언급한 '최후통첩 게임' 실험에서 잘 드러납니다. 알다시피 이 게임의 중요한 규칙은 배분율 제안 기회가 한 번뿐이라는 것입니다. 만약 상대가 제안을 거부하면 둘 다 수입이 0원이 됩니다. 손익만을 따져 생각한다면 거부하지 않는 것이 맞지만, 인간은 신기하게도 거부하는 경우가 있습니다. '거부한다'는 것은 자신의 이익을 희생하는 한이 있더라도 상대에게 사회적 제재를 가한다는 것을 의미합니다.

물론 '거부'를 선택하는 행위는 선량한 사회를 만들기 위한 미덕 같은 것이 아니라, 본인이 단순하게 납득할 수 없으니 불만을 표출하는 것이거나 될 대로 되라는 식으로 자포자기한 것일 뿐이라고도 해석할 수 있습니다. 진짜 이유가 무엇이든 이러한 개인의 의사결정이 결과적으로 사회 전체의 질서를 형성하고 균형을 유지하는 기반이 된다는 점은 분명합니다.

조나단 코헨 박사팀은 게임을 하는 피험자의 뇌 활동을 MRI로 촬영했습니다. 그러자 금액 제안을 수락할지 말지 결정할 때 '배외측 전전두피질'이 활성화되었다는 사실을 발견했습니다. 그렇다면 이 부위는 무엇을 계산하고 실행하는 곳일까요? 취리히 대학교의 에른스트 페르Ernst Fehr 박사팀의 실험 결과에서 그 힌트를 찾을 수 있었습니다.

페르 박사팀은 경두개자기자극술TMS로 게임을 하는 피험자의 전전두피질을 마비시켜 보았습니다. 그러자 놀라운 결과가 나왔습니다. 우뇌의 전전두피질이 활동을 멈추자 어떤 불합리한 요구라 해도 다 받아들인 것입니다. 피험자에게 물어보니 배당이 불공평하다는 사실은 확실히 인지하고 있었습니다. 하지만 그 제안을 거부하지 않고, 자신에게 돌아올 미미한 이익을 우선한 것입니다. 전전두피질이 마비되면 자기중심적인 인간이 되어 버린다는 의미입니다. 아무래도 자기희생적인 정신은 전전두피질에 담겨 있는 모양입니다.

협력이냐 배신이냐, '딜레마 게임'

자기희생과 관련하여 하버드대학교의 마틴 노왁^{Martin A. Nowak} 박사팀도 의미 있는 연구 결과를 공개했습니다. 그는 104명의 자원자를 대상으로 '딜레마 게임'을 진행했습니다.

게임의 규칙은 이렇습니다. 둘이서 짝을 지어 금전 거래를 반복합니다. 두 사람이 취할 수 있는 행동은 단 두 가지뿐입니다. '협력'하거나 '배신'하거나.

'협력'을 선택하면 상대에게 10,000원을 지불하고, 거래에 대한 보상으로 제3자에게서 20,000원을 받습니다. 하지만 상대에게서 10,000원을 받은 후 도망치는 '배신'을 선택할 수도 있습니다. 둘 중 무엇을 선택하든 결국 10,000원이 생기는데, 이 게임의 묘미는 상대의 행동에 의해 획득한 금액이 달라진다는 점입니다. 자신과 동시에 상대방도 행동을 선택하므로, 서로 규칙을 고려해야 합니다.

자신이 '협력'을 선택했을 때 상대도 '협력'을 선택하면 둘 다 10,000원의 이득을 얻지만, 만약 상대가 '배신'을 선택하면 총 20,000원의 손해를 보게 됩니다. 반면 '배신'을 선택한 상대는 20,000원의 이득을 보겠지요. 그런데 둘 다 '배신'을 선택하면 두 사람 다 실질적 이득은 0원이므로 잔액에는 변화가 없습니다. 알기 쉽게 그림으로 정리해 보았습니다.

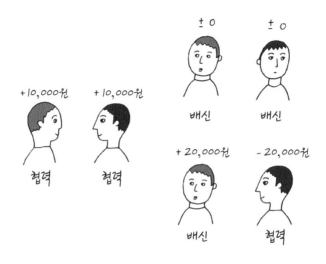

+10,000원　　+10,000원

협력　　　　협력

±0　　　　±0

배신　　　　배신

+20,000원　　-20,000원

배신　　　　협력

● '딜레마 게임'이 보여 주는 것은?

　자, 이러한 규칙으로 거래를 반복하면 인간은 어떤 선택을 할까요? 실험에 의하면 불과 20%만 '협력'을 선택한다고 합니다. 대체 이유가 뭘까요? 실제로 게임을 해 보면 알 수 있습니다.

　물론 둘 다 행복하려면 서로 협력해야 합니다. 하지만 자신의 이익만 생각한다면, 상대가 협력을 선택했을 때 나는 배신해야 더 많은 금액을 얻을 수 있습니다. 이득이 10,000원이 아니라 20,000원이 되니까요. 한편, 상대는 배신했는데 내가 배신하지 않으면 큰 손해를 입게 됩니다.

　즉, 상대가 어느 쪽을 선택하든 본인 입장에선 항상 '배신'을 선택해야 이득입니다. 그래서 '배신'을 선택하는 경우가 많은 것입니다. 솔직히 '협력'하고 싶어도 어쩔 수 없이 '배신'을 선택하게 됩니다. 그래서 이 게임을 '딜레마 게임'이라 부릅니다.

처벌이 존재하는 이유

그래서 노왁 박사팀은 재미있는 규칙을 도입했습니다. 새로운 선택지로 '처벌'을 넣은 것입니다.

'처벌'이란 불쾌한 행동을 한 상대방에게 벌을 주는 권리입니다. 자신이 가진 돈에서 10,000원을 내면 상대방에게 40,000원의 벌금을 매길 수 있습니다. 물론 자신의 이익만 생각한다면 '처벌' 따위 하지 않는 것이 이득이겠지요. 처벌을 하면 자신도 10,000원의 손해를 보니까요. 즉, 이것은 '자기희생'이 따르는 규칙입니다. 처벌을 한 쪽도 손해를 보지만, 상대방은 더 큰 손해를 봅니다.

자, '처벌'이란 규칙이 생긴 후 인간의 행동은 어떻게 바뀌었을까요? 무려 절반이 넘는 사람이 '협력'을 선택했습니다. 정말 흥미롭지요. 마음 따뜻한 선의처럼 느껴지는 '협력'이란 행동이 사실은 벌을 받기 싫어서 선택한 이기적인 행동이라 해석될 수도 있다는 뜻입니다.

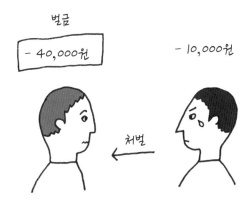

벌금

- 40,000원   - 10,000원

처벌 ←

● '딜레마 게임'과 '자기희생' 규칙

이 실험을 통해 두 가지 사실이 더 밝혀졌습니다. 하나는 '처벌'이란 규칙이 있든 없든 최종적으로 획득하는 평균 금액에는 차이가 없다는 점입니다. '처벌'을 도입한 뒤 확실히 '협력'을 선택하는 사람이 늘었지만, 그럼에도 양측의 전체적인 생산성이 반드시 높아졌다고는 할 수 없습니다.

또 하나는 딜레마 게임에서 돈을 많이 따는 사람일수록 실제로는 '처벌'을 별로 행사하지 않았다는 점입니다. 실제로 고액을 획득한 사람의 상위 20% 모두가 처벌 집행률 하위 30%에 속했습니다. 반대로 획득한 금액이 하위 30%인 사람들은 처벌 집행률 상위 20%에 속했습니다. 이래서 '성공한 자는 관대하다'라는 말이 있나 봅니다.

즉, '처벌'이 하나의 규칙으로 '존재한다'는 사실 자체가 중요하지 실제로 벌을 줄 필요는 없다는 것입니다. '보이지 않는 힘'에 의해 안정된 사회가 만들어졌다는 사실이 이러한 단순한 실험을 통해 밝혀진 셈이지요.

'읍참마속'이라는 이율배반의 갈등

'울면서 마속의 목을 벤다'라는 뜻의 '읍참마속泣斬馬謖'이란 고사성어를 아시나요? 『삼국지』를 보면, 제갈량이 사사로운 정에 휩쓸리지 않고 군법을 준수하기 위해 눈물을 흘리며 사랑하는 제자 마속의 목을 베었다는 내용이 나옵니다. 『삼국지』의 드라마적인 측면을 보여 주는 명장면으로 유명합니다.

비즈니스나 일상생활 속에서는 종종 이성과 감성이라는 이율배반적 갈등 사이에서 과감한 결단을 해야 할 때가 있습니다. 그럴 때 우리 뇌는 어떻게 의사결정을 내릴까요?

미국의 윤리철학자 주디스 톰슨Judith J. Thomson이 1985년에 고안하여 내놓은 '트롤리 딜레마'라는 사고 실험이 있습니다. 상황은 이렇습니다.

고장 난 열차가 폭주하고 있다. 철로 앞에는 이를 알아차리지 못한 5명의 사람이 있다. 이대로 가다간 전원이 전차에 치여 죽게 된다. 당신 눈앞에는 열차의 진로를 바꿀 수 있는 손잡이가 있다. 진로를 바꾸면 5명은 살 것이다. 그러나 진로를 바꾼 철로 앞에도 1명의 사람이 있다. 자, 당신은 손잡이를 당길 것인가?

폭주하는 열차를 그대로 두면 5명이 치여 죽습니다. 그런데 손잡이를 당기면 5명의 사람은 구할 수 있지만 자신의 결정으로 1명이 죽습니다. 이러한 절박한 상황에 놓이면 고심 끝에 손잡이를 당기는 선택을 하는 사람이 많을 것입니다. 5명이 죽는 것이 인도적으로 생각했을 때 더 나쁘다고 판단되기 때문이지요.

트롤리 딜레마 실험에서 결단을 내리는 사람의 뇌가 어떤 반응을 보이는지, 프린스턴대학교의 조슈아 그린^{oshua D. Greene} 박사팀이 조사했습니다. 예상대로 급격한 감정에 깊이 관여하는 뇌 부위가 활성화되었습니다. 특히 현저한 활동을 보인 것은 '전두엽'이었습니다.

비논리적인 인간다움

전두엽의 기능에 문제가 생기면 우리의 판단력은 어떻게 달라질까요? 미국 아이오와대학병원의 랄프 아돌프스 박사팀은 전두엽의 일부인 '복내측 전전두피질'에 손상을 입은 6명의 환자를 대상으로 트롤리 딜레마 실험을 진행한 결과를 발표했습니다.

복내측 전전두피질에 장애가 생기면 수치심, 동정심, 죄책감 등 사회적 윤리를 형성하는 기본적인 감정이 결여됩니다. 하지만 지성이나 논리성에는 전혀 영향을 주지 않으므로, 실험에서는 건강한 사람과 마찬가지로 1명을 희생하여 5명을 구하는 결단을 내립니다.

그런데 질문 상황이 살짝 달라지자 예상치 못한 반응을 보였습니다. 5명을 구하기 위해 손잡이를 당기는 것이 아니라, 적극적으로 다른 희생자를 만들어 구조하는 방법은 어떠한지를 묻는 것입니다. 예를 들어, "당신 옆에 서 있는 낯선 사람을 플랫폼에서 밀어 떨어트리면 열차가 멈출 테니 5명을 구할 수 있다"라고 상황을 바꿔 보는 것입니다.

수학적으로는 1명의 희생자로 그친다는 점에서 손잡이를 당기는 상황과 같습니다. 하지만 보통은 누군가를 철로로 밀어 떨어트리면서까지 5명을 구하지는 않을 것입니다. 그런데 복내측 전전두피질에 손상을 입은 환자들은 주저 없이 밀어 떨어트렸습니다.

그들은 극단적인 공리주의자입니다. 물론 인원수만으로 판단한다면 밀어 떨어트리는 편이 낫겠지만, 건강한 사람은 추가적

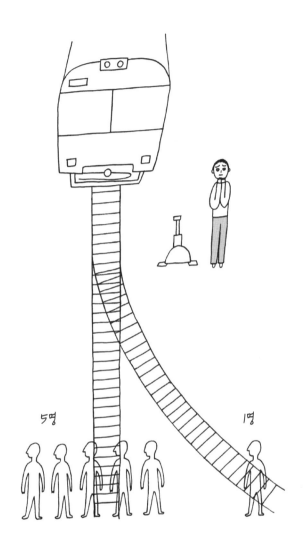

5명

1명

● 당신은 손잡이를 당길 것인가?

인 희생자를 내야 한다는 사실에 주저하며 심한 죄책감을 느낍니다. 당연히 직접 플랫폼에 뛰어들어 열차를 멈출 생각도 하지 않을 것입니다. 냉정하게 생각하면 우리의 도덕관은 비합리적이고 비논리적이라 할 수 있지만, 바로 그 비논리적인 직감이 이른바 '인간다움'을 낳고 여기에 자기희생 정신이 더해지면서 평안한 사회가 형성된다는 점은 분명합니다.

"마속처럼 유능한 장수를 굳이 처형할 필요가 있습니까?"라는 주위의 만류를 뿌리치고, 눈물을 흘리며 규율을 따른 제갈량. 예로부터 수많은 이야기의 소재로 쓰인 사회 윤리적 갈등은 현대의 뇌 연구 관점에서 보더라도 상당한 의미가 있습니다.

말뿐인 응원이라도
힘이 되는 이유

• 응원을 좋아하는 뇌 •

과학적 발견이란 뭘까요? 뇌를 연구하다 보면 종종 이런 생각이 들 때가 있습니다. 치밀한 실험을 통해 얻은 결과를 공개해도 "그런 말은 원래부터 있었어"라는 냉소적인 반응이 돌아오는 경우가 있거든요.

물론 발견된 '사실' 자체가 전혀 새롭지 않은 경우도 더러 있습니다. 즉, 그런 경우는 지식적 진보가 없었다고 봐야겠죠. 하지만 저는 그게 무엇이든 과학적 실험으로 뒷받침된다는 것 자체에 의미가 있다고 생각합니다.

콜롬비아대학교의 미셸 스미스^{Michelle K. Smith} 박사팀이 발표한 논문도 그에 관해 연구한 내용이었습니다. 스미스 박사는 '문제 해결에는 토론이 좋다'라는 어찌 보면 당연한 사실을 학술적 기법에 따라 증명했습니다.

실험에서는 350명의 학생에게 문제를 냈습니다. 정답률은 약 50%였지만, 소그룹을 나누어 토론한 후에 다시 풀자 약 70%로 상승했습니다.

누군가 정답을 알고 있으면 이내 주변 사람들도 그 정답을 알게 되니, 이러한 결과가 나오는 것도 당연한 듯합니다. 하지만 학생들이 벌인 토론을 자세히 살펴보니 아무도 정답을 모르는 상황에서도 정답률이 상승한다는 사실을 알 수 있었습니다. 다시 말해, 이미 알려진 정답이 단순히 전파될 수도 있지만 토론을 통해 정답을 도출할 수도 있다는 뜻입니다.

흥미롭게도 토론을 통해 정답을 도출한 경우는 문제에 대한 이해도가 높아 응용할 수 있으므로 이와 유사한 문제의 정답률도 함께 상승합니다. '토론'은 일방통행식의 수업과는 달리 문제를 좀 더 본질적으로 이해하고 해석할 수 있게 도와주는 것입니다.

효과적인 리더십이란?

집단의 효능에 대해 생각하는 김에 '효과적인 리더십'이라는 아주 매력적인 제목이 붙은 논문을 하나 소개할까 합니다. 단, 인간이 아니라 동물의 리더십에 관한 연구입니다.

무리를 이루는 동물들은 집단이 이동하는 경로를 어떻게 결정할까요? 꿀벌, 물고기, 새의 일부 종은 '정확한 지식을 가진 리더'가 소수 존재하는데, 이러한 뛰어난 개체가 집단을 이끈다고 합니다. 그런데 신기한 점도 있습니다. 정확한 지식은 어떻게 무리 전체에 전달되는 것일까요? 아니, 애초에 정확한 지식을 누가 가졌는지 어떻게 알까요?

현재는 컴퓨터에 각 동물의 행동 습성을 입력하여 집단행동 패턴을 재현할 수 있습니다. 계산 결과에 따르면, 집단에서 차지하는 '정확한 지식을 가진 개체'의 비율이 높아질수록 무리는 올바른 진로를 선택합니다. 너무도 당연한 결과이지요. 하지만 정확한 지식을 가진 개체의 비율이 동일한(가령 무리 중 10%가 정답을 알고 있는) 여러 집단을 비교했을 때, 집단의 규모가 클수록 정답에 가까운 선택을 한다는 점은 다소 의외입니다. 이래서 동물들이 무리를 지어 사나 봅니다.

더욱 흥미로운 부분은 지식을 가진 개체가 정답을 너무 고집하면 집단이 분열되거나 붕괴되고 만다는 점입니다. 리더가 자신의 의도를 확고하게 드러내지 않고 애매하게 행동하는 편이 결과적으로는 집단을 올바른 방향으로 이끄는 길인 듯합니다.

실전에서 실력을 발휘하려면?

2008년에 제 모교가 전국고교축구선수권대회 결승전에 진출한 적이 있습니다. 예로부터 축구 명문으로 유명한 고등학교인데, 결승전까지 올라간 것은 오랜만이라 직접 국립경기장까지 가서 응원했지요.

아쉽게도 결과는 참패였습니다. 솔직히 말해, 저희 팀 선수들의 움직임이 너무 둔했고 경기 중에도 이길 것 같다는 생각이 전혀 들지 않았습니다.

누군가와 대결해야 할 때 긴장을 너무 많이 하거나, 상대편의 기백에 눌리거나, 응원이 부족하면 결과가 좋지 않을 가능성이 크지요. 이는 운동선수뿐 아니라 대학입시, 연주회, 프레젠테이션 등과 같은 경쟁 국면을 경험한 사람이라면 누구나 이해할 것입니다.

학력테스트나 입학시험을 칠 때 긴장을 푸는 방법은 많습니다. 심호흡처럼 비교적 정석적인 방법부터 손바닥에 '의(노)'라는 글자를 쓰고 삼키라는 미신 같은 것까지 매우 다양합니다. 이렇듯 긴장을 푸는 다양한 방법이 존재한다는 것 자체가 실전에서 실력을 발휘하지 못하는 사람이 그만큼 많으며 그 마음이 얼마나 절실한지 보여 주는 방증이겠지요. 특히 한 번의 시험으로 인생이 판가름 날 수 있다는 엄청난 압박감을 받는 상황에서는 누구나 평소 실력을 발휘하기 힘들 것입니다. 그럴 때는 어떻게 하면 좋을까요?

시카고대학교의 사이언 베일락^{Sian L.Beilock} 박사팀은 아주 간단한 실험을 통하여 이 의문에 대한 멋진 해답을 내놓았습니다. 박사팀이 제안한 대응책은 바로 '시험에 대한 불안감을 써 보는 것'입니다.

● 구체적으로 불안을 쓰면 긴장이 사라진다

베일락 박사팀은 진학과 낙제가 걸린 기말시험에서 106명의 고등학생을 대상으로 이 사실을 확인했습니다. 시험 직전에 10분의 시간을 주고 다음 시험과목의 무엇이 어떻게 불안한지를 구체적으로 쓰게 한 것입니다. 그랬더니 긴장감이 누그러져 10% 정도 점수가 올랐습니다. 시험에 관련이 없는 내용을 썼을 때는 효과가 없었습니다. 자신의 감정을 솔직하게 표현하는 게 중요하다는 걸 알 수 있지요.

참고로 전혀 긴장한 기색 없이 당당한 학생들은 자신의 감정을 써도 성적에 변화가 없었습니다. 누구에게나 효과가 있는 방법은 아닌 듯합니다.

뇌과학의 관점에서 보는 '기합'과 '근성'의 유용성

그런데 최근 극도로 합리화와 효율화를 따지는 분위기가 형성되면서, 응원이나 격려 따위는 경시되고 있습니다. 반대로 비용 대비 효과가 큰 효율적인 승리법은 똑똑한 방법이라 찬사를 받고 있지요. 그런 가운데 뇌과학에서는 오히려 정신론의 중요성이 다시금 주목을 받고 있습니다. 그중에서도 서브리미널 영상을 사용한 실험이 꽤 재미있습니다. 참고로 서브리미널 영상은 영상

속에 문자와 사진을 삽입하는 기법을 말합니다.

실험은 매우 간단합니다. 눈앞에 있는 모니터에 '쥐세요'라는 표시가 나오면 앞에 있는 손잡이를 살짝 쥐는 실험입니다. 그리고 때때로 '쥐세요' 신호가 나오기 전에 서브리미널 영상으로 '힘내', '잘한다' 등과 같은 긍정적인 단어를 순간적으로 표시하는 것입니다.

찰나의 순간이므로 어떤 글자가 나왔는지는 알 수 없습니다. 그런데 손잡이를 쥐는 힘이 두 배로 강해졌다고 합니다. 한편, 응원과 무관한 글자를 표시하면 효과가 없었습니다.

이것은 응원이 진짜로 효과가 있다는 말입니다. 심지어 응원을 받았다는 사실을 인지하지 못하더라도 응원을 받으면 확실히 의욕이 생긴다는 것입니다.

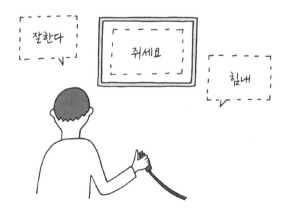

● 과학적으로 봤을 때 응원과 격려는 효과가 있다

물론 "하고자 하는 의지만 있으면 못할 일이 없다"라고 말하면 너무 낙천적으로 들릴 수도 있겠지만, 긍정적인 마음가짐의 중요성을 강조하는 말들은 예전부터 있었습니다. 그것이 과학적으로 증명이 되고 있다니 참 흥미롭지요.

인간다움을 보여주는
인간만의 특성

• 언어를 활용하는 뇌 •

인간은 수많은 생물을 개변했습니다. 농작물 같은 먹을거리는 그렇다 쳐도, 희한한 품종의 개나 금붕어를 보면 우리 선조들이 얼마나 꾸준히 교배했고 신품종을 만들었는지 상상이 갑니다. 그 종을 위해서가 아니라 어디까지나 인간의 호기심 때문이었죠. 품종개변에 대한 인간의 욕구는 끝이 없습니다. 그래서 여기에서는 품종개량이 아니라 품종개변이라 표기하겠습니다.

충격적인 점은 인간 스스로도 네안데르탈인과 교배를 했다는 것입니다. 네안데르탈인은 50만 년 전에 인류와 분기한 후 다른 '종'으로 살다가 3만 년 전에 멸종되었습니다.

그런데 네안데르탈인의 뼈로 게놈 분석을 실시했더니, 멸종 직전에 인간과 교배한 흔적이 있다는 사실이 드러났습니다. 현생 인류의 유전자 중 1% 이상이 네안데르탈인에게서 온 것입니다.

네안데르탈인은 지적 생명체이긴 했지만 우리보다 몸집이 크고 근육과 골격이 발달했으며 체모도 풍성했다고 합니다. 그리고 언어도 없었지요. 그래서 우리가 일반적으로 상상하는 '인류'라기보다는 외견상으로는 오히려 거대한 야수에 가까운 존재였다고 할 수 있습니다. 그런 생물과 교배를 한다는 건 꽤나 용기가 필요한 행동입니다.

그런데 이야기는 그리 단순하지 않습니다. 네안데르탈인의 미토콘드리아에는 인간과 교잡했다는 증거가 없기 때문입니다. 미토콘드리아는 모계로만 유전됩니다. 즉, 교잡은 네안데르탈인 '남자'와 인간 '여자' 사이에서 일어났을 가능성이 있습니다.

상상해 보세요. 임신한 인간 여성이 혼혈 잡종을 낳은 것입니다. 여기서 중요한 것은 인간 사회가 그 혼혈 잡종을 꺼림칙하게 여겨 배척하지 않고 오히려 보호하고 양육했다는 점입니다. 그러지 않았다면 피가 섞였다는 증거가 현대인에게까지 남아 있을 리 없을 테니까요. 아직 원시적인 생활을 하던 시대였다고는 하나 인간의 높은 사회성은 감탄할 만합니다.

현대인의 시초

그런데 네안데르탈인의 교잡 증거를 발견하면서 또 하나 의미 있는 사실을 알아냈습니다. 혼혈이 인정되는 경우는 현대인들 중에서도 백인과 황인뿐이란 것입니다. 아프리카계 흑인에게서는 네안데르탈인과의 교잡 증거를 찾아볼 수 없었습니다.

이러한 사실로 미루어 보아, 다음과 같은 상상이 가능합니다. 인류는 원래 아프리카 대륙에서 탄생해 그곳에서 생활했고, 그 인류에서 다시 네안데르탈인(혹은 그 선조)이 탄생했다는 것입니다. 우리 현대인이라는 '종'이 탄생하기 아주아주 오래 전에 말이지요.

화석과 유적을 분석해 보면, 네안데르탈인은 아프리카 대륙이 아니라 유럽 대륙에 살고 있었음을 알 수 있습니다. 즉, 그들은 일찍이 아프리카 대륙을 떠나서 추운 유럽 대륙으로 건너가 생활한 것입니다. 3만 년 전까지 그랬으니 비교적 최근까지 존재한 '인류'라 볼 수 있지요.

다음으로, 현대인의 시초가 언제인지는 전문가들 사이에서도 의견이 분분합니다. 일단 현대인은 크게 두 종류가 존재한다고 알려져 있습니다. 백인·황인과 아프리카계 흑인입니다.

다시 말해, 이렇습니다. 수만 년 전 우리 선조인 현대인의 일부가 큰맘 먹고 아프리카 대륙을 떠나 유럽 대륙으로 건너갔는데, 그곳에는 이미 네안데르탈인이 살고 있었습니다. 이주민인 인간과 원주민인 네안데르탈인 사이에서 어떠한 교류가 이루어졌는지는 상상의 영역이지만, 어찌 되었든 DNA에 남은 흔적으로 봤을 때 교잡이 일어난 사실만큼은 확실합니다.

신대륙으로 이주한 모험가(혹은 도망자이거나 추방당한 자일지도 모름)가 그 후 백인·황인으로 변화했다고 볼 수 있습니다. 즉, 인간이라는 '종'으로 생각했을 때, 아프리카 흑인이야말로 순수 혈통, 즉 혈통서가 있는 현대인인 셈입니다.

● 인간 '종'의 순수 혈통은 아프리카계 흑인이다

그런데 인류의 뿌리를 찾는 이 낭만적인 연구에 몸담았던 한 연구자가 "우리 백인이 오히려 혼혈 잡종이었다는 사실에 충격을 받았다"라는 말을 했습니다. 저는 이 발언이 조금 걸리더라고요.

자신이 백인이라는 우월감이 밑바탕에 깔려 있기에 그런 발언이 나올 수 있었던 것 같았거든요.

인종차별은 왜 사라지지 않을까?

인종차별은 심리학적으로 매우 어려운 문제를 내포하고 있습니다.

인종차별은 꽤 오래 전부터 세간의 비난을 받고 있기 때문에 이제는 과거에 봉인된 유물이나 마찬가지라고 생각하는 사람도 있을지 모릅니다. 하지만 안타깝게도 인종차별은 현재도 여전히 행해지고 있습니다. 2007년에 실시한 조사에 따르면, 미국 내 흑인 중 67%가 취업 준비를 하면서 차별이나 편견을 빈번하게 경험했다고 하며, 장을 보거나 외식을 하는 등의 일상적인 활동 속에서 인종차별을 경험한 흑인도 50%에 달한다고 합니다.

인종차별이 얼마나 뿌리 깊은 현상인지를 여실히 보여 주는 연구가 있습니다. 실험 결과에 의하면, 흑인이 아닌 사람은 '나는 흑인이란 이유로 차별하는 것은 부당하다 생각하기 때문에 만약 그런 장면을 목도하게 된다면 심하게 동요할 것이다'라고 생각한다고 합니다. 하지만 실제로 측정을 해 보니, 흑인이 차별이나 불이익을 당하는 장면을 마주해도 본인이 생각했던 것만큼 동요하지 않았습니다.

즉, 머리로 상상하는 이상적인 나와 현실 속 나의 행동에는 괴리가 있다는 것입니다. 우리 사회에서 격차와 인종차별이 좀처럼 사라지지 않는 이유는 스스로 자신의 정의감을 과대평가하고 있다는 걸 정작 본인이 모르고 있기 때문이 아닐까요?

'기적의 유전자'가 낳은 것은?

이제 인류에 대해 살펴볼까요? 신이 인간에게 내린 선물이라고도 말하는 '기적의 유전자'가 있습니다. 바로 언어유전자라고도 불리는 'FOXP2'입니다.

인간은 고도의 인지기능을 가졌다는 점에서 다른 동물들과 구별됩니다. 문장을 만들고, 도구를 사용하고, 춤을 추고, 요리를 하고, 예술작품을 만드는 등 인간의 창의성과 창작 능력은 그야말로 탁월합니다.

인류고고학적 조사에 의하면, 20만 년 전 유적에는 무언가를 창조한 흔적이 거의 없었는데, 호모사피엔스가 탄생한 이후인 후기구석기시대로 넘어가자 창작 능력이 폭발했다고 합니다.

이 시기에 인간의 FOXP2 유전자의 두 곳에서 변이가 일어났다고 보입니다. FOXP2는 인간뿐 아니라 원숭이나 쥐를 비롯한

다른 동물들에게도 존재하는데, 인간의 FOXP2는 특정한 두 곳에서 변이가 일어났습니다.

불과 두 군데밖에 되지 않지만, 이 변이가 바로 인간의 능력에 극적인 상전이phase transition를 일으켰습니다. 이렇게 변이된 새로운 FOXP2를 손에 넣음으로써 인간은 언어를 구사할 수 있게 되었지요.

FOXP2는 언어 연구를 하다 발견되었습니다. 언어장애가 있는 가계에서 원인 유전자를 찾다 보니 FOXP2 변이까지 도달한 것입니다. 그러니 FOXP2가 언어와 깊은 관련이 있음은 확실합니다.

그런데 막스 플랑크 연구소에서 인류가 가진 최고의 보물이라고도 할 수 있는 인간형 FOXP2 유전자를 쥐에게 주입하는 '신을 향한 대담한 도전'을 시도했습니다.

쥐는 언어를 구사하는 데에 필요한 혀와 인두 같은 신체 부위가 없기 때문에 말을 하지 못하는데, 인간형 FOXP2를 심은 쥐는 음성의 특질과 탐색 의욕이 변화했습니다. 나아가 대뇌피질의 일부에서 신경섬유가 길어져 시냅스(신경세포 사이의 결합 부분) 전달의 가소성도 증강되었습니다.

인간화된 쥐의 탄생, 이 사실을 어떻게 받아들이면 좋을지 저역시 아직 답을 찾지 못했습니다.

언어에 담긴 두 가지 역할

언어의 역할은 크게 두 가지라고 합니다. '소통의 수단'과 '사고의 도구'. '소통의 수단'이란 역할은 누구나 인정할 것입니다. 단, 정보 전달을 위해 음파를 사용한다는 점은 인간의 언어뿐 아니라 벌레나 새들의 울음소리도 마찬가지입니다. 따라서 두 번째 역할인 '사고의 도구'로 언어를 활용하는 것이야말로 인간다움을 보여 주는 인간만의 특성이라 할 수 있지요.

우리가 무언가를 인지하고 내면을 성찰하는 데에 언어의 기여도는 얼마나 될까요? 만약 언어가 없었다면 사람의 마음이 과연 이만큼 풍부해질 수 있었을까요? 이는 매우 흥미로운 질문입니다.

예를 들어, 우리는 파랑과 초록의 중간색을 봤을 때 언어로 어떻게 표현해야 하나 고민하는데, 멕시코 북부 원주민인 타라우마라족은 타라우마라어에 파랑과 초록의 중간색을 표현하는 단어가 있기 때문에 어떻게 표현할지 고민하지 않습니다. 또 러시아권 사람들은 밝은 파랑과 어두운 파랑에 해당하는 단어가 따로 있기 때문에, 색채 식별 테스트를 할 경우 둘을 금방 구별할 수 있다고 합니다.

홍콩대학교의 룩캉쿵陸鏡光 박사팀은 뇌 영상을 보며 '어휘'가 인지능력에 미치는 영향을 연구했습니다. 연구에 의하면, 역시 뇌에서 이루어지는 인식과 분류 작업은 그에 대응하는 단어의 유무가 결정적인 역할을 하는 듯합니다.

보스턴대학교의 리사 펠드먼 배럿[Lisa Feldman Barrett] 박사팀은 여기서 더 나아가 '자신과 타인의 감정을 알아채는 것도 언어를 가졌기 때문이 아닐까?'라고 고찰합니다.

즉, 자신이 가진 어휘가 인간의 의지, 사고, 행동에 독특한 패턴을 형성하는 것입니다. 컴플라이언스, 피저빌리티, 니치, 콩글로머릿, 제네릭, 프리랜스, 이노베이션, 매니페스토 등과 같은 새로운 어휘가 계속해서 일본어에 유입되고 있는데, 그럴 때마다 우리의 사회관과 생활관 그 자체가 변화합니다.

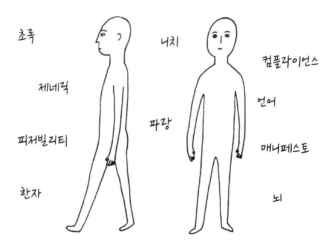

● 새로운 어휘가 늘어나면 생활관도 바뀔까?

'알람시계는 고문'이라는 수사법

커뮤니케이션의 주도권은 기본적으로 정보를 받아들이는 쪽, 즉 수신자에게 있습니다. 예를 들어, 판매원이 상품을 권할 때 살지 말지를 결정하는 것은 소비자이지요. 연인에게 프러포즈를 할 때 그것을 받아 줄지 말지에 대한 결정권은 고백을 받은 사람에게 있습니다. 교수가 강의를 할 때 수업을 들을지 말지에 대한 선택권은 학생에게 있고요. 이러한 예를 굳이 들 필요도 없이 '수신자가 주도권을 쥔다'는 것은 대인관계의 보편적 원리입니다.

그렇다면 이 원칙을 깰 방법은 없을까요? 비즈니스에서든 사생활에서든 발신자가 대화를 통제하고 조절할 수 있다면 커뮤니케이션의 잠재성은 더욱 커질 것입니다. 이를 실현하는 비책 중 하나가 '메타포(은유)'를 이용하는 것입니다. 그와 관련된 연구 결과도 연이어 공개되었습니다.

'문자 그대로'라는 말이 있지요. 영어로는 'literal'이라고 합니다. 이런 표현이 존재한다는 것은 역으로 '문자 그대로' 이해하면 안 되는 표현도 있다는 걸 의미합니다. 예를 들어, '인생은 여행이다', '알람시계는 고문이다' 등과 같은 비유 표현이 이에 해당합니다. 이러한 은유적 표현법을 메타포라 부르는데, 이는 전 세계 모든 언어에 존재하는 수사법입니다.

대화를 하다가 메타포를 사용하는 효과를 알아보려는 시도는 아리스토텔레스 시대까지 거슬러 올라갈 만큼 아주 오래 전부터 이루어졌습니다. 현대에는 뇌가 어떤 식으로 메타포를 이해하는가에 대해 과학적인 연구가 이루어지기 시작했지요.

자폐증이나 조현병, 알츠하이머성 치매 초기에는 메타포를 이해하지 못하고 단어를 액면 그대로 해석하는 경향이 강하므로 일상적 대화에서도 지장이 생깁니다. 이래서 과학적 규명이 필요하게 된 것입니다.

메타포를 이용하다

튀빙겐대학교의 알렉산더 라프^{Alexander M. Rapp} 박사팀은 뇌가 메타포를 들을 때 보이는 반응을 상세히 기록했습니다.

라프 박사팀은 '사랑의 언어는 하프의 음색이다'라는 메타포와 '사랑의 언어는 전부 거짓이다'라는 직설적인 문장을 100쌍 넘게 준비하여 15명의 피험자에게 들려주었습니다. 언어에 대한 이해는 주로 좌뇌가 담당합니다. 실제로 직설적인 문장을 들었을 때는 좌뇌의 언어영역이 활동했습니다. 이는 예상된 결과이지요.

그런데 메타포를 들었을 때는 언어영역과 함께 전두엽의 일부인 '하전두회' 등 광범위한 뇌 부위가 활동했습니다. 라프 박사팀은 '메타포를 해석하는 것은 단어와 문맥을 종합하여 숨겨진 의미를 추정하는 고차 뇌 기능과 관련이 있다'고 추측합니다.

또 영국 해머스미스병원의 가브리엘라 보티니^{Gabriella Bottini} 박사 팀은 메타포를 이해하려면 우뇌도 중요하다는 연구 결과를 발표했습니다.

바꾸어 말하면 '메타포를 이용하면 수신자의 뇌를 강하게 활성화시킬 수 있다'는 뜻이 됩니다. 수사적 표현 기법을 늘리면 상대의 마음을 흔들 수 있단 것입니다. 수신자가 주도해 왔던 대인 관계의 대원칙이 뒤바뀔지도 모른다는 점에서 전 강한 매력을 느낍니다.

유머를 즐길 때의 뇌

유머를 즐기는 동물은 인간밖에 없습니다. 동물원에서 가만히 관찰해 봐도 가장 인간과 유사한 종이라 여겨지는 원숭이조차 유머(혹은 '마음의 여유')를 즐기는 것처럼은 보이지 않습니다.

유머는 문화적 산물입니다. 옛날에 영국인이 꼽은 '세계에서 가장 재미있는 유머'라는 대회를 본 적이 있는데, 최우수상을 수상한 유머도 그다지 재미있지 않았습니다. 영국인의 개그 감각과 제 감각에 괴리가 있음을 느꼈지요. 주위 친구들도 저와 비슷한 느낌을 받았다는 것이 인상적이었습니다. 유머에 대한 이해도는 그 사람의 환경, 지성, 지식, 성격, 그 당시의 기분에 따라 영향을 받습니다. 그러니 뇌과학적으로 접근하기도 어려워 각 연구자가 내놓는 연구 결과에도 편차가 보입니다.

그런 가운데, 비교적 일관된 결론을 얻을 수 있는 뇌 영상 데이터는 유머를 즐길 때 우뇌의 '전전두피질'이 보이는 반응입니다. 실제로 이 부위가 손상된 환자는 유머를 제대로 이해하지 못한다고 합니다. 또 유머를 이해하는 데에는 '편도체'와 '중뇌 변연계'가 관여한다는 연구 결과도 있습니다.

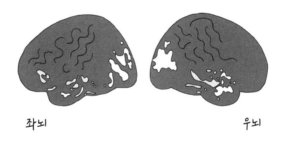

좌뇌   우뇌

● 유머에 반응하는 뇌(PNAS, 102:16502-16506, 2005에서 인용)

이러한 일련의 연구 중 스탠포드대학교의 앨런 라이스[Allan L. Reiss] 박사팀의 연구가 특히 제 눈길을 끌었습니다.

박사팀은 인간의 개성과 유머 이해도의 관련성을 조사했는데, 여기서 말하는 개성이란 외향적이냐 신경질적이냐 등과 같은 일반적인 기질을 가리킵니다.

　평균 연령이 23세인 피험자 17명을 대상으로 실험을 진행했습니다. 먼저 NEO-FFI검사(성격유형검사)로 개개인의 성격을 진단합니다. 이 시험은 60개 항목에 답함으로써 외향적인 유형인지 신경질적인 유형인지를 분류하는 테스트입니다. 그 후, 피험자에게 웃긴 만화를 보여 주고 그 재미가 10점 만점에 몇 점인지 평가하도록 합니다.

　여기서 얻은 중요한 발견은 유머 이해도와 유머에 반응하는 속도는 성격의 영향을 전혀 받지 않았다는 점입니다. 즉, 외향적이든 신경질적이든 적어도 겉으로는 유머를 비슷하게 이해하고 즐긴다는 것입니다.

　그런데 흥미롭게도 뇌의 반응에는 차이가 있었습니다. 앞에서 보여 준 뇌 반응 사진에서 옅은 회색으로 표시된 뇌 영역은 외향적인 사람이 유머를 접했을 때 더 강하게 반응하는 부위이고, 하얗게 표시된 영역은 신경질적인 사람일 때 반응하는 뇌 부위입니다.

　똑같은 유머를 똑같이 즐기는 듯 보여도, 그 사람의 성격에 따라 뇌 반응은 달랐습니다. 성격을 진단할 때 유머에 대한 뇌의 반응을 활용할 수 있을 정도로 말이지요.

　이렇게까지 반응에 차이가 나는 것을 보면, 겉으로는 다 비슷하게 깔깔대며 웃었다 하더라도 속마음은 저마다 상당히 달랐을 것 같습니다.

　역시 웃음이란 참 심오한 듯합니다. 유머는 그 자리의 상황에 따라 성립되는 고도의 놀이 기술인 만큼, 다른 사람의 '웃음'을 나 자신의 '웃음'과 비교하기는 어려울지 모릅니다. 아니, 서로 다르다고 생각하는 편이 자연스럽겠지요.

'꼴좋다'라는 마음은
어디에서 생겨날까?

· 공감하는 뇌 ·

오하이오주립대학교의 로버트 라운트[Robert B. Lount] 박사팀은 심리 상태가 인간의 판단에 어떠한 영향을 미치는지 알아보기 위해 다섯 가지 실험을 했습니다. 그 결과 기분이 좋을 때는 표층적인 단서만 보고 안이하게 상황을 판단하는 경향이 있다는 사실을 알아냈습니다. 그리고 이러한 결론을 도출했습니다.

"행복한 기분이 들 때야말로 조심해야 할 때이다."

실험은 다음과 같이 진행되었습니다. 먼저 참가자들에게 즐거운 주제의 짧은 글과 평범하고 무미건조한 주제의 짧은 글을 쓰게 하여 다른 분위기를 조성했습니다. 그런 다음 푸근한 인상에 둥근 눈매를 가져 유해 보이는 사람부터 수염을 길러 약간 험상궂어 보이는 사람까지 다양한 유형의 인물 사진을 준비하여 사진 속 사람이 신뢰할 만한지 판단하게 했습니다.

● 신뢰할 만한 사람은 누구일까?

그 결과 무미건조한 분위기의 글을 쓴 경우는 겉으로 보이는 인상에 휩쓸리지 않고 신중하게 판단했습니다. 그에 반해 즐거운 분위기의 글을 쓴 후에는 인상이 좋아 보이는 사람을 신뢰하고 인상이 나빠 보이는 사람은 불신하는 등 겉만 보고 단순하게 판단하는 경향이 강했습니다.

로버트 라운트 박사팀은 "행복할 때는 정보를 주의 깊게 분석해야겠다는 생각 자체를 덜 하는 것 같다"라고 추론했습니다. 그리고 이런 경향은 비즈니스 현장에서도 나타난다고 덧붙였습니다. 간혹 고객과 중요한 미팅을 할 때 고객의 기분을 좋아지게 하려고 고급스러운 음식을 준비하는데 만약 당신이 충분한 신뢰를 얻지 못한 상황이라면 그 의도는 오히려 역효과를 부를지도 모른다고 말이지요. 고객의 기분을 즐겁게 만듦으로써 오히려 자신의 장점을 드러낼 기회를 놓칠지도 모릅니다.

뇌는 어떻게 '신뢰도'를 판정할까?

신뢰감을 다룬 게임 하나를 소개하겠습니다. 당신에게는 지금 2,000원이 있고, 상대방에게는 돈이 없습니다. 당신의 차례에서 가진 돈을 상대에게 줄 수 있는데 전부를 줘도 되고 아예 주지 않아도 됩니다. 단 중요한 것은 상대방에게 돈을 건넬 때 액수가 세 배 늘어난다는 점입니다. 예를 들어, 300원을 주면 상대방은 900원을 갖게 됩니다. 그다음 차례에 상대방은 받은 금액 중 일부를 당신에게 돌려줍니다. 예를 들어, 900원을 받았다가 500원을 돌려준다고 하면 결과적으로 당신 수중에는 2200원, 상대방

수중에는 400원이 남습니다. 즉, 당신은 200원의 이득을 보고, 상대방은 400원의 이득을 본 것입니다. 이렇게 1회차 거래가 종료됩니다.

이 거래를 10회 반복한다면 두 사람은 어떤 행동을 취할까요? 가장 바람직하고 평화적인 해결책은 매회 서로에게 전액을 준 뒤 마지막 거래 때 반으로 나누는 것입니다. 하지만 이 전략은 서로 간에 충분한 신뢰가 쌓였을 때만 성립합니다. 만약 상대방이 도중에 배신해서 한 푼도 돌려주지 않는다면 엄청난 손해를 입기 때문입니다. 다시 말해, 이 게임은 처음 보는 상대를 얼마나 신뢰할 수 있을지 상대의 행동을 예측하고 판단하는 게임입니다.

그렇다면 우리 뇌는 어떻게 신뢰도를 판정할까요? 그 의문에 대한 해답을 베일러대학교의 리드 몬터규Read Montague 박사팀이 내놓았습니다. 당신이 고액을 제시하며 호의를 보여 줄수록 상대방의 뇌에서 '미상핵'이라는 부위가 활성화되어 돌려주는 액수가 늘어난다는 것입니다.

연구팀은 이러한 미상핵의 활동을 상대방을 믿어 보려는 마음이라 해석했습니다. 흥미롭게도 게임이 바람직하게 진행되면 양도금액이 제시되기도 전에 이미 미상핵이 반응을 보였습니다. 상대를 믿기 시작했다는 의미이지요.

미상핵은 쾌락을 낳는 뇌 부위와 깊은 관련이 있습니다. 누군가가 나를 신뢰한다는 건 참 기분 좋은 일이지요. 하지만 조금 더 심층적으로 해석하면, 반환금을 늘리는 행위는 상대의 이익을 위해서가 아니라 결국 더 많은 돈을 얻어 자신의 쾌락을 늘리려는 행위라고도 볼 수 있습니다. 실제로 심리학자 밀러는 이 결과를 두고 "신뢰는 인정이 넘치는 고상한 감정이 아니라 이기적이고 냉철한 뇌의 작용이다"라고 설명했습니다.

'꼴좋다'라고 느끼는 감정

그럼 반대로 신뢰를 저버린 상대에게는 뇌가 어떻게 반응할까요? 런던대학교의 타니아 싱어^{Tania Singer} 박사팀은 남이 벌을 받는 모습을 볼 때 뇌 활동을 연구한 결과를 발표했습니다. 일단 싱어 박사팀은 착한 사람이 억울하게 누명을 쓰고 벌을 받는 모습을 볼 때 '섬피질'과 '대상피질' 등 불안과 아픔에 관여하는 대뇌피질이 강하게 반응한다는 것을 보여 주었습니다. 이는 '공감회로'라 불리는 뇌 부위입니다. 공감회로의 반응 강도는 '불쌍하다'며 감정을 이입하는 정도와 거의 일치합니다.

바꾸어 말하면 옳지 않은 행동을 한 나쁜 사람이 벌을 받는 모습을 볼 때는 공감하고 동정하는 반응이 줄어들 것이라 예상할 수 있습니다. 그런데 실험 결과, 놀랍게도 남녀 간에 뇌의 반응이 다르게 나타났습니다.

여성의 뇌에선 동정하는 반응이 40% 정도 줄어들었지만, 남성의 뇌에선 거의 완전히 소실된 것입니다. 대신 남성은 의외의 뇌 부위가 활성화되었습니다. 바로 '측좌핵'입니다. 측좌핵은 보상중추, 즉 쾌감을 낳는 부위입니다. 아마 벌 받는 모습을 보며 '꼴좋다!'라며 기뻐하고 있는 것이겠지요. 실제로 측좌핵의 반응이 강한 사람일수록 '반칙을 저지르면 큰 벌을 줘야 한다'라고 생각하는 경향이 강하다고 합니다. 즉, 남성은 나쁜 사람이 저지른 부정행위에는 강한 제재를 해야 한다는 감정을 느끼는 데 반해, 여성은 상대가 착한 사람이건 나쁜 사람이건 상관없이 벌을 받아 괴로워하는 사람에게 감정을 이입하는 경향이 강한 것입니다.

● 남성은 여성보다 측좌핵이 더 발달되었다

아까워하는 마음은 어디서부터 생겨날까?

이번엔 청소 이야기를 해 볼까요? 저는 비교적 물건들을 과감히 잘 버리는 편이라 청소를 하면 실내가 말끔하게 정리됩니다. 정리정돈을 잘하는 비결은 '언젠가는 쓸 물건을 버리는 것'이라 생각합니다.

이렇게 말하면 다들 의아해합니다. 보통 '언젠가는 쓸 물건'은 버리지 않고 두니까요. 하지만 제 기준에서는 '쓰는 것'과 '언젠가는 쓸 것'은 엄연히 다릅니다. 언젠가 쓸 데 있을지도 모른다는 막연한 생각으로 물건을 쟁여 두면 저택이 아닌 이상 집 안은 '당장은 쓸 일이 없는 물건들'로 넘쳐날 것입니다. 그러니 아깝다라는 마음은 접고 '쓰는 것' 또는 '필요한 것'만 남기는 과감한 결단이 필요합니다.

'언젠가 쓸 데가 있을 거야'라는 생각은 미래를 대비하는 계획성과 깊은 관련이 있습니다. 그렇다면 인간이 아닌 다른 동물도 아까워하는 감정을 느낄까요? 케임브리지대학교의 니콜라 클레이턴Nicola S. Clayton 박사팀은 까마귓과에 속하는 캘리포니아덤불어치Aphelocoma californica가 다음 날 아침에 자기가 구할 수 있는 먹이의 양을 예측해 계획적으로 먹이를 보관한다는 사실을 알아냈습니다. 새가 실제로 아깝다는 감정을 느끼는지는 알 수 없지만, 적어도 미래를 대비하는 지적 행동의 원형이 캘리포니아덤불어치의 행동에 잠재되어 있다고 볼 수 있죠.

그렇다면 인간이 느끼는 아깝다는 감정은 뇌의 어느 부위에서 생겨나는 것일까요? 힌트는 앞서 설명한 '공감회로'에 있습니다. 공감회로란 고통받는 사람을 관찰할 때에 반응하는 신경회로로 전대상피질 등이 여기에 해당합니다.

손가락이 칼에 베거나 서랍장 모서리에 발가락을 찧거나 문에 손가락이 끼는 장면을 보면 순간 찌릿한 느낌이 드는데, 이는 그 순간 공감뉴런(신경세포)이 반응하여 타인의 아픔을 마치 나의 아픔처럼 해석하기 때문입니다.

이렇게 타인의 마음 상태를 알아차리는 능력은 인간이 사회성을 획득하는 데에 중요할 수밖에 없습니다. 일본 국립정신신경센터의 모리구치 요시야^{守口善也} 박사팀은 감정표현을 잘하지 못하는 감정표현 불능증^{Alexithymia} 환자는 공감뉴런의 활동이 둔하다는 연구 결과를 발표했습니다. 이 연구 결과는 사회에서 어울려 살아가는 데에 공감뉴런이 꼭 필요하다고 시사합니다.

아플 것 같은 사진을 보면 어떨까?

군마대학교의 오기노 유이치^{荻野祐一} 박사팀은 실제로 아파하는 모습을 직접 보지 않고 '아플 것 같은 사진'을 보기만 해도 공감회로가 작동한다는 사실을 발표했습니다. 저도 주삿바늘이 피부를 찔러 피가 나는 영상을 보면서 순간 등줄기에 식은땀이 확 날 정도의 아픔을 느꼈습니다.

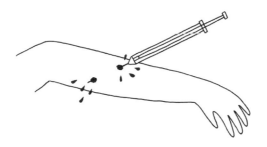

● 아플 것 같은 사진을 보기만 해도 통증이 느껴진다

어느 연구자에게 개인적으로 들은 이야기인데, 공감회로는 아플 것 같은 장면뿐 아니라 망치로 텔레비전이나 휴대전화 등을 부수는 장면을 봐도 작동한다고 합니다. 즉, 공감의 대상이 꼭 인간이나 동물일 필요는 없다는 뜻이지요.

옛것을 소중하게 생각하는 습관은 일본인에게서만 볼 수 있는 전통일까요? 물론 아닐 겁니다. 하지만 노벨평화상을 수상한 케냐의 환경보호 활동가 왕가리 무타 마타이Wangari Muta Maathai는 '아깝다'라는 말이 일본인 특유의 감성이 반영된 단어이며 그 단어에 감명을 받았다고 말한 적 있습니다.

　곰곰이 생각해 보면 '언젠가는 쓸 물건은 버린다'라는 제 좌우명도 '아깝다'라는 마음이 있기에 일부러 더 그렇게 지은 것입니다. 이는 '안 쓸 것 같으면 애초에 사지 마라, 아까우니까!'라는 일종의 선언이기도 하거든요.

나이가 들수록 행복해지는
과학적 이유

· 행복을 느끼는 뇌 ·

미국에서 조사한 결과이긴 하나 소개하고 싶은 연구 결과가 있습니다. 뉴욕주립대학교 스토니브룩캠퍼스의 아서 스톤^{Arthur A. Stone} 박사팀이 발표한 논문입니다.

미국인 35만 명을 대상으로 인터뷰를 진행하여, 그들의 행복감이 나이 들면서 어떻게 변화하는지를 평가했습니다. 질문은 가족구성과 직업부터 인생관까지 다양하게 주어졌으며, 매달 2만 명씩 1년에 걸쳐 집계한 대규모 데이터입니다.

분석 결과에 따르면 인생에서 느끼는 행복감은 U자 곡선을 그린다는 사실을 알 수 있었습니다. 즉, 20세 이전까지 높았던 행복감은 20대에 들어서면서 단번에 떨어지고 40대~50대 초반까지 가장 침체한 모습을 보입니다. 그리고 이 시기를 지나면 다시 회복하기 시작해, 조사된 범위 내에서 보면 최고령인 85세를 향할수록 서서히 상승합니다. 인생의 피크는 노년기였습니다. 이러한 경향은 자녀와 배우자의 존재 같은 생활환경인자의 영향을 거의 받지 않기 때문에, 나이가 듦에 따라 일어나는 보편적 변화라 할 수 있지요.

한창 일할 나이일 때는 시간에 쫓겨 자신의 마음을 돌아볼 여유가 없습니다. 하지만 그 시기를 잘 견뎌내면 행복이 기다리고 있는 것입니다.

참고로 스톤 박사팀은 부정적 감정에 대해서도 분석했는데 스트레스, 불안, 분노의 감정은 젊을 때 가장 강하고 나이가 들면서 서서히 줄어들었습니다. 한편, 슬픔의 감정은 나이와 상관없이 거의 일정했지요. 여성의 감정 기복이 좀 더 큰 경향이 있지만, 통계학적으로 남녀 간의 차이는 무시할 수 있는 정도였습니다.

이러한 연구 결과를 보니 "40이 되니 유혹에 미혹되지 않았고(불혹), 50이 되니 하늘의 뜻을 알았으며(지천명), 60이 되니 들리는 족족 이치를 깨달았다(이순)"라는 『논어』의 한 구절이 생각나네요.

인간은 나이가 들면서 심경의 변화를 겪습니다. 보통 마음이 평온해지고, 삶의 지혜가 생기지요. 중요한 국면에서도 침착하게 대응하고 살아 있음에 그저 감사하게 됩니다.

그러나 주의해야 할 것도 있습니다. 바로 '노인성 우울증'입니다. 전반적으로 나이가 들면서 마음이 평온해진다는 건 다들 아는데, 의외로 고령자의 우울감에 대해서는 잘 모르는 듯합니다. 사실 우울증은 고령자에게서 많이 나타나거든요.

우울증과 조울증 환자의 40%가 60세 이상의 고령자라고 합니다. 단, 이는 치료를 받은 환자 수이므로, 실제로는 일본 국내에만 100만 명의 고령자가 집계에서 누락되었을 것이라는 지적도 있습니다.

노인성 우울증을 쉽게 알아채지 못하는 이유는 치매와 구별하기 힘들기 때문입니다. 기억력과 집중력 감퇴는 노인성 우울증의 전형적인 증상입니다. 예전보다 머리 회전이 빨리 되지 않는다고 느끼는 사람들 중 대부분은 우울증일 가능성이 있습니다. 물론 우울증은 치매 치료법으론 회복되지 않으니 주의가 필요합니다.

나이가 들면 정년퇴임을 하여 환경이 바뀌거나, 자녀가 독립하거나, 배우자를 먼저 떠나보내는 상황이 찾아오기도 합니다. 본인의 건강도 걱정이 될 테고요. 하지만 이러한 정신적 변화와 사회적 변화만이 우울증의 원인이라 볼 순 없습니다.

왜냐하면 노인성 우울증은 젊은 사람들이 겪는 우울증과는 달리 약을 먹으면 낫는 비율이 높기 때문입니다. 약으로 낫는다는 말은 심경의 변화라기보다는 생물학적 변화가 원인일 가능성이 높다는 뜻이지요. 신경전달물질이 감소하는 등의 기질적인 변화 말입니다.

치매와 구별하는 방법이 있긴 합니다. 치매는 연 단위로 서서히 진행되는 데에 비해 노인성 우울증은 진행 속도가 빠르거든요. 몇 달 만에 증세가 심해졌다면 일단은 노인성 우울증을 의심해 보는 것도 좋겠지요.

나이가 들면서 변화하는 부정성 편향

나이가 들면 뇌의 활동 패턴은 어떻게 변화할까요? 최근 그와 관련된 연구가 활발히 이루어지고 있습니다. 콜로라도대학교의 스테이시 우드Stacey Wood 박사팀의 연구부터 소개하겠습니다. 우드 박사팀은 20세 전후의 청년층과 55세 이상의 시니어층을 대상으로, 다양한 영상을 봤을 때의 반응을 뇌파계로 측정했습니다. 이때 사용한 영상은 크게 세 종류입니다. '맛있어 보이는 초콜릿 아이스크림', '아름다운 석양' 등 긍정적 감정을 불러일으키는 사진, '의자', '포크' 등 중립적인 사진, 그리고 '도로 위의 고양이 사체', '충돌사고가 난 자동차' 등 부정적 감정을 불러일으키는 사진입니다.

이 사진들은 모두 뇌에 어떠한 반응을 유도했는데, 청년층은 부정적 사진에 강하게 반응하는 경향이 있었습니다. 우드 박사팀은 이를 '부정성 편향^{negativity bias}'이라고 부르고 혐오감과 동요를 반영한다고 생각했습니다. 한편, 시니어층은 긍정적 사진이든 부정적 사진이든 비슷하게 반응하였고 부정성 편향이 나타나지 않았습니다. 불쾌한 상황에서도 동요하지 않는 것입니다.

콜로라도대학교의 마이클 키슬리^{Michael A. Kisley} 박사팀은 이 현상을 80년에 달하는 생애주기 동안 상세하게 조사하여, 나이가 듦에 따라 조금씩 부정성 편향이 감소한다는 사실을 확인했습니다. 그리고 "시니어층이 감정적으로 더 건전하다고 할 수 있다. 반려자를 먼저 떠나보내거나 중병을 앓은 경험이 있는 사람일수록 부정성 편향을 덜 보였다"라고 말했습니다.

스탠포드대학교의 마라 매더^{Mara Mather} 박사팀은 '편도체'라는 곳에 주목했습니다. 편도체는 감정을 관장하는 곳인데, 일반적으로는 공포나 불안 같은 부정적 감정에 더 많이 관여한다고 알려져 있습니다. 하지만 시니어층의 편도체는 오히려 긍정적 사진을 봤을 때 강하게 활성화되었다고 합니다. 즉, 시니어층의 경우에는 편도체가 긍정적인 감정을 낳고 있는 것입니다.

나이가 들수록 나쁜 감정이 줄어든다

스탠포드대학교의 그레고리 사마네즈 라킨Gregory R. Samanez-Larkin 박사팀의 논문에서 흥미로운 연구 결과를 확인할 수 있습니다. 머니게임을 할 때 뇌의 반응을 조사했더니, 돈을 잃을 것 같다는 예감이 드는 상황에서는 젊은 사람들의 뇌가 더 강하게 반응한 것입니다. 특히 금액이 클수록 반응이 강하게 나타났습니다.

반대로 돈을 벌 것 같을 때는 젊은 사람과 나이 든 사람 사이에 차이가 없었습니다. 즉, 나이 든 사람들은 손해에 대해 크게 연연하지 않는다는 의미입니다. 다만 실제로 손해를 봤을 때는 젊은 사람이든 나이 든 사람이든 거의 비슷한 반응을 보이므로, 손실 그 자체에 대한 혐오감은 나이가 들어도 줄어들지 않는 듯합니다. 그저 손해를 피하려고 필요 이상으로 노력하지 않게 되는 것입니다.

키슬리 박사는 "나이가 들수록 나쁜 감정이 줄어든다는 실험 결과는 언뜻 보기에 '바람직하게' 들릴지도 모르겠지만, 리스크 관리능력이라는 측면에서도 과연 바람직할지는 의문이다"라고 못을 박았습니다. 사기 피해자 중 고령자가 많다는 점을 생각하면, 키슬리 박사의 말에도 일리가 있습니다.

그러나 나이가 들면 뇌가 행복함을 더 많이 느끼는 것 같다는 사실은 주목할 만합니다. 주위에서 뭐라 하든 본인이 행복하다고 느낀다면 그게 정답이 아닐까요? 중국 속담 중에 "늙는 것을 두려워 말고, 다만 마음이 늙는 것을 두려워하라"라는 표현이 있지요. 건강한 노후를 맞이하는 것이 제 바람입니다.

사랑의 힘은
정말 존재할까?

• 사랑하는 뇌 •

다음 페이지에 나오는 두 개의 얼굴 그림을 볼까요? 얼굴의 절반은 웃고 있고, 나머지 절반은 침울한 표정을 짓고 있습니다. 이 두 얼굴은 하나의 그림을 좌우 반전시킨 것입니다.

자, 여기서 질문! 순간적으로 떠오르는 답을 말하세요. 위의 그림과 아래 그림 중 어느 그림이 더 미소 짓는 것처럼 보이나요?

하나의 그림임에도 불구하고 대부분은 둘 중 하나를 선택할 것입니다. 집계한 결과를 보면, 좀 더 많은 사람이 위의 그림을 선택했다고 합니다. 특히 오른손잡이인 사람들에게서 이러한 경향

● 어느 쪽이 좀 더 미소 짓는 것처럼 보이나요?

이 강하게 나타났습니다. 이는 지역, 민족, 시대를 초월해 일정했습니다. 전 인류의 공통적 성향이지요.

위의 그림은 왼쪽 얼굴이 살짝 미소 짓는 듯 보이고, 오른쪽 얼굴은 슬퍼 보입니다. 하지만 이 그림을 보며 미소 짓고 있다고 느끼는 것은 우리가 얼굴의 '왼쪽 절반'을 특히 중시한다는 사실을 짐작하게 합니다. 왼쪽 절반만 웃고 있어도 뭔가 웃고 있는 듯 보이는 것입니다.

이렇듯 왼쪽을 중시하는 경향은 얼굴뿐 아니라 다양한 분야에서도 나타납니다. 물고기 그림을 한번 그려 보세요. 물고기가 어느 방향을 보고 있나요? 대부분 머리가 왼쪽에 오고 꼬리가 오른쪽에 오도록 그립니다. 또 채소가게의 특가 상품도 왼쪽 선반에 진열해야 더 잘 팔린다는 실험 결과가 있습니다.

역시 중요한 것은 전반적으로 '좌측 시야'인 듯합니다. 이처럼 시야의 절반을 중시하고 다른 절반을 무시하는 인지 경향을 '가성무시pseudoneglect'라고 합니다. 물론 가성무시는 일상생활과 관련해서도 시사점을 던져 줍니다. 누군가 나를 볼 때는 주로 그 사람의 좌측 시야, 즉 내 '오른쪽'에 주의가 집중되므로 오른쪽을 더 신경 써야 한다는 것입니다. 언제 한 번 학생들에게 가성무시에 대해 말해 주니 결의에 찬 표정으로 "다음 미팅 때는 마음에 든 사람 왼쪽에 앉아야겠어요!"라고 말하더군요. 효과가 있었는지는 물어보지 못했지만요.

새도 왼쪽을 중시하는 경향이 있다

그런데 사실 전 군이 말하자면 가성무시가 가져오는 효과보다도 가성무시를 초래하는 뇌 구조에 좀 더 관심이 있습니다. 고전적인 설명에 따르면, 영상이나 외부 세계에 관한 판단은 '우뇌'가 담당하므로 '좌측 시야'에 대해 강한 반응을 보이는 것이라고 합니다(뇌와 봄의 지배는 좌우가 역전됩니다). 그런데 이스라엘의 탈마 헨들러Talma Hendler 박사팀은 우뇌뿐 아니라 좌뇌 역시 좌측 시야를 중시하는 경향이 있다는 사실을 MRI로 증명해 냈습니다. 아무래도 그리 단순한 메커니즘은 아닌 듯합니다.

비둘기와 병아리를 사용한 실험도 있습니다. 독일의 베티나 디캄프Bettina Diekamp 박사팀의 연구인데, 놀랍게도 새도 왼쪽을 중시하는 경향이 있다고 합니다. 갓 태어난 병아리조차도 그렇다고 하니, 왼쪽을 중시하는 경향은 선천적인 것이라 봐야겠지요. 새는 '뇌량(좌우 대뇌반구를 연결하는 신경다발)'이 발달하지 않았다는 점을 고려하면, 이 발견은 상징적인 의미가 있습니다. 어쩌면 인간의 가성무시는 250만 년 이상을 거슬러 올라갈 만큼 기나긴 진화의 산물일지도 모릅니다.

사랑하면 뇌의 처리능력이 향상된다는 말

저 역시 나이가 있어서 '사랑의 마력'이라든지 "사랑만 있으면 뭐든 할 수 있다!"라는 말을 하려면 꽤 용기가 필요합니다. 젊은이들에게는 분명 의심할 여지조차 없는 진리겠지만요.

거리에서 흘러나오는 노래들도 가사를 유심히 들어 보면 얼굴이 화끈거릴 만큼 직설적인 사랑의 언어로 가득합니다. 그런 사랑 노래에 젊은 사람들은 도취합니다.

대체 사랑의 힘이란 뭘까요? 국어사전을 찾아 보면 '사랑'의 첫 번째 뜻은 "아끼고 위하며 한없이 베푸는 일, 또는 그 마음(출처: 동아 새국어사전)"이라고 나옵니다. 즉 어떤 존재를 몹시 아끼며 한없이 헌신할 수 있는 용기를 주는 힘, 누군가를 생각할 때 모든 것을 희생해도 후회 없다는 뜨거운 감정이 바로 사랑의 힘이지요.

저의 부족한 연애경험에 비추어 생각해 봐도 충분히 수긍이 갑니다. 사랑은 맹목성을 낳고, 이 맹목성이 원동력이 되어 우리는 평소에는 생각지도 못한 행동을 하기도 합니다. 그런 '의외의 용기(혹은 무모함)'를 주는 것이 바로 사랑입니다.

그런데 최근에 이루어진 뇌 연구를 통해, '사랑'은 우리에게 또 다른 능력을 부여한다는 사실이 드러났습니다. 사랑을 하면 뇌의 처리능력이 향상된다는 것입니다. 이는 캘리포니아대학교 산타바바라 캠퍼스의 스콧 그래프턴Scott T. Grafton이라는 심리학자의 연구팀이 발표한 연구 결과입니다.

　연구팀의 실험은 단순합니다. 20세 전후의 여성 36명에게 화면에 표시된 단어가 영어인지 아닌지를 구분하도록 하는 것입니다. 단어가 표시되는 시간은 1,000분의 26초로 그야말로 찰나입니다. 이는 역하자극subliminal stimulus 수준이라 피험자는 무언가 나타났다는 인지조차 하지 못하므로 단어가 언제 나타나는지는 신호로 알려 줍니다. 그렇게 신호를 보고 나면 재빨리 그것이 영어 단어였는지 아닌지를 판단해 앞에 있는 버튼을 누르게 했습니다. 물론 의식적으로 인지할 수 없을 정도로 낮은 수준의 자극이므로 정답률은 높지 않습니다. 하지만 '판단하기까지 걸리는 시간'을 측정하면 '사랑의 힘'이 가진 흥미로운 측면이 드러납니다.

　이 실험에서 연구팀은 단어를 표시하기 직전(0.15초 전)에 그 여성이 사랑하는 남성의 이름을 1,000분의 26초 동안 보여 주었습니다. 역시 찰나이기에 연인의 이름이 표시되었다는 사실조차 알 수 없습니다. 하지만 연인의 이름을 보여 주었을 때는 단어 판별에 소요되는 시간이 0.03초 정도 빨라졌지요. 너무나도 미세한 차이라 생각할 수 있지만, 통계학적으로는 유의미한 차이입니다. 참고로 친구의 이름을 보여 주었을 때는 효과가 없었다고 하니, 반응속도가 상승한 것은 연인만이 가진 특별한 힘 때문이라 볼 수 있습니다.

흥미롭게도 연인의 이름이 순간적으로 화면에 표시되면 '방추상회'나 '각회' 등의 대뇌피질 영역과 함께 의욕과 동기부여를 담당하는 뇌 심층부가 활성화됩니다. 상대를 많이 사랑할수록 강하게 활성화되었습니다. 아무래도 '사랑'에는 우리가 가늠할 수 없는 엄청난 힘이 있는 모양입니다. 이렇게 생각하니 연인들이 서로의 사진을 휴대전화 배경화면이나 지갑에 넣어 두는 행위도 나름대로 의미가 있는지도 모르겠네요.

프랑스 소설가 아베 프레보^{Abbé Prévost}는 "사랑의 힘은 직접 경험하기 전에는 이해할 수 없다"라고 합니다. 사랑의 마력을 점점 잊기 시작했다는 것은 그만큼 늙어 간다는 의미일까요?

엄마의 경험이 아이에게 유전된다?

연인 사이가 아닌 어머니와 자식 사이에서도 흥미로운 사실이 발견되었습니다. 엄마가 젊은 시절에 좋은 경험을 하면 아이에게 그 좋은 영향이 '유전'된다는 것입니다.

애초에 '유전'이란 유전자가 매개하므로, 부모가 개인적으로 경험한 일은 자손에게 유전되지 않는다고 생각하는 것이 기존 상식이었습니다. 그런데 이러한 상식을 뒤엎는 실험 결과가 터프츠 대학교의 래리 페이그Larry A. Feig 박사팀에 의해 보고됐습니다. 어디까지나 쥐를 대상으로 한 실험이지만 페이그 박사조차 '비슷한 현상이 인간에게도 일어난다면?' 하고 생각을 확장할 만큼 상상을 자극하는 실험입니다. 자세히 살펴볼까요?

물론 유전자코드는 바뀌지 않습니다. 유전자코드가 바뀌려면 진화 수준의 오랜 시간이 필요하거든요. 다만, 염색체나 DNA는 후천적으로 화학수식chemical modification이 일어난다고 알려져 있습니다. 그러면 유전자의 기능 발현이 변하는데 이를 '후성유전학epigenetics'이라 합니다.

이번에 페이그 박사팀이 발견한 것도 후성유전학과 관련된 내용입니다. 그 영향이 단순히 후천적으로 나타나는 것에 그치지 않고 자녀 세대까지 영향을 미친다는 점이 놀라웠습니다.

쳇바퀴와 터널 등이 놓인 환경에서 키운 쥐는 놀잇거리 없이

지루한 환경에서 자란 쥐보다 미로를 빠져나오는 능력이 뛰어나다고 합니다. 이는 '해마'의 기능이 향상되기 때문입니다.

페이그 박사팀은 우선 이 현상을 재확인하는 실험부터 시작했습니다. 그리고 시냅스(신경세포 사이의 결합부) 전달이 증강되는 현상을 측정하여 해마의 기능을 평가했습니다. 해마의 기능을 증강시키려고 계속 풍부한 자극이 있는 환경에서 키울 필요는 없습니다. 생후 2주째부터 4주째까지, 딱 2주 동안만 자극이 풍부한 환경에서 지내면 해마의 기능은 충분히 향상되고 그 효과는 평생 지속됩니다. 참고로 쥐의 생후 2~4주는 인간으로 치면 대략 유아기부터 사춘기까지의 시기에 해당합니다.

그리고 박사팀은 해마의 기능이 향상된 쥐에게서 태어난 새끼들도 해마의 기능이 뛰어났다는 흥미로운 사실을 발견했습니다. 새끼 쥐들은 풍부한 자극을 직접 경험하지 않았음에도 선천적으로 해마의 기능과 기억력이 증강된 상태였습니다.

좋은 환경 속에 사는 것이 중요한 이유

페이그 박사팀은 이 효과를 더욱 자세히 연구했습니다. 일단 자녀의 자녀, 즉 자극이 풍부한 환경에서 자란 쥐의 손자뻘 쥐에게 미치는 영향은 어떨까요? 검사 결과, 손자뻘 쥐에게서는 아무런 영향이 나타나지 않았습니다. 다시 말해, 환경의 효과는 2세대까지만 나타난다는 것입니다.

그렇다면 이 효과는 아빠와 엄마 둘 중 누구에게서 유전될까요? 페이그 박사팀은 부모 쥐 중 한쪽만 자극이 풍부한 환경에서 키운 뒤 새끼 쥐의 능력을 측정했습니다. 아빠 쥐만 좋은 환경에서 키운 경우에는 효과가 없었고, 엄마 쥐를 좋은 환경에서 키우자 새끼 쥐의 해마 기능이 향상되었습니다.

이는 후성유전학의 관점에서도 충분히 납득할 수 있는 내용입니다. 왜냐하면 염색체나 DNA에 후천적 화학수식을 할 경우, 유전적 성질이 정자에서는 초기화되지만 난자에서는 자손에게 유전되기 때문입니다.

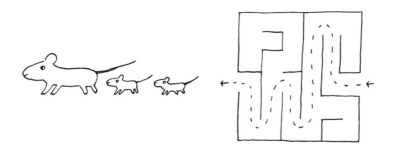

● 어미 쥐가 좋은 경험을 하면 새끼 쥐의 해마에도 그것이 '유전'된다

어디까지나 쥐를 대상으로 한 실험 결과이지만 인간 역시 포유류에 속하기 때문에 이 연구 결과를 모조리 무시할 수만은 없습니다. 혹시 모르니 앞으로 태어날 자녀를 위해 좋은 환경에서 좋은 경험을 하는 것이 좋겠지요. 아이를 낳지 않더라도 좋은 환경에서 좋은 경험을 하며 사는 것은 본인에게도 좋은 영향을 줄 테니까요.

PART
3

뇌를
내 편으로 만들기

뇌가 크면 클수록
똑똑할까?

· IQ와 뇌 ·

머리가 좋냐 나쁘냐는 뇌 크기에 비례합니다. 그래서 뇌의 크기를 보면 이 책을 보고 있는 여러분의 지능이 어느 정도인지도 다 알 수 있답니다. 어디선가 "그럴 리가 없어!"라고 절규하는 목소리가 들리는 듯하네요.

이 이야기를 하기 전에 우선 동물들의 경우를 볼까요? 종種별로 비교하자면 원칙적으로 진화 과정에서 고등동물로 분류되는 동물들은 뇌가 큽니다. 예를 들어, 물고기나 청개구리는 뇌가 아주 작지만 고도의 지능을 가진 침팬지나 인간은 뇌가 크지요.

그러나 예외도 있습니다. 뇌가 크다고 반드시 지능이 높은 것은 아닙니다. 뇌의 무게는 코끼리나 고래가 인간보다 훨씬 무겁고 같은 인간이라 해도 네안데르탈인의 뇌가 현대인보다 더 무겁거든요. 하지만 일반적으로는 현대인의 지능이 더 높다고 알려져 있습니다. 한마디로 뇌가 클수록 지능이 높은 것은 아니란 뜻이지요.

그렇다면 이번에는 뇌의 크기가 아니라 '체중에서 뇌가 차지하는 비율이 지능을 결정한다'라는 가설을 살펴봅시다. 이를테면 인간의 뇌 무게는 체중의 38분의 1을 차지하고, 코끼리는 500분의 1, 고래는 2,500분의 1을 차지합니다. 코끼리와 고래는 집채만한 덩치에 비해 뇌가 아주 작습니다. 뭔가 그럴듯한 가설이지요?

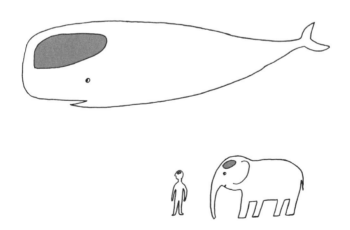

● 체중 대비 뇌의 무게가 지능을 결정할까?

그런데 실제로는 그리 단순하지 않습니다. 그렇게 따지면 쥐의 뇌 무게는 체중의 28분의 1이므로 인간보다 체중 대비 뇌 점유율이 높기 때문이지요.

이렇게 다양한 동물들의 뇌를 비교하다 보니, 일반적으로 몸집이 작은 소동물일수록 체중에 비해 뇌가 무겁고 몸집이 큰 대형동물일수록 가볍다는 것을 알 수 있었습니다. 애리조나대학교의 윌리엄 캘더William A. Calder 박사팀은 이 관계성을 자세히 연구했고, '뇌의 무게는 체중의 0.75제곱에 비례한다'는 놀라운 규칙을 발견했습니다. 이는 '스케일링scaling'이라 불리는 관계식으로, 체중을 넣으면 그 동물종의 뇌 무게가 나오는 그야말로 획기적인 방정식입니다. 그런데 스케일링 방정식을 적용할 수 없는 동물이 있습니다. 바로 인간입니다. 인간의 뇌는 스케일링 방정식으로 계산했을 때보다 무겁게 나오거든요. 즉, 동물계에 적용되는 보편적인 법칙에서 벗어나 인간은 예외적으로 큰 뇌를 갖고 있습니다. 몸집에 비해 뇌가 너무 큰 것입니다.

IQ가 120을 넘는 뛰어난 두뇌의 비밀

그럼 앞에서 제기한 의문으로 다시 돌아갑시다. 이번에는 인간끼리 비교해 보죠. 지능이 높은 사람은 그렇지 않은 사람보다 뇌가 더 클까요?

캘리포니아대학교의 캐서린 나르^{Katherine L. Narr} 박사팀은 '뇌의 크기와 지능지수^{IQ}의 관계'에 대해 자세히 연구했습니다. 그 결과, 미미한 정도이지만 뇌가 큰 사람일수록 IQ가 높다는 사실을 알아냈습니다. 특히 '대뇌피질'이 두꺼우면 두꺼울수록 IQ가 높았습니다. 연구팀은 거기서 더 나아가 데이터를 자세히 분석하여 대뇌피질 중에서도 '전전두피질'과 '후측두엽'이 지능에 결정적인 역할을 한다는 사실을 밝혀냈습니다. 즉, 조금 의외이긴 하나 '뇌를 보면 그 사람의 지능을 알 수 있는가?'에 대한 대답은 과학적으로 봤을 때 'Yes'라 할 수 있습니다.

그런데 연구팀의 데이터를 살펴보면 피질의 두께와 IQ 사이에 상관관계가 존재하는 것은 분명하지만 피질이 두꺼운데도 IQ가 높지 않은 사람이 있었습니다. 개인차가 큰 것입니다. 이유가 뭘까요? 이 수수께끼는 미국 국립위생연구소 필립 쇼^{Philip Shaw} 박사팀의 연구 결과에서 힌트를 얻을 수 있습니다.

쇼 박사팀에 의하면 '뇌의 두께 자체보다 유소년기에 뇌가 얼마나 성장했는지'가 IQ에 더 큰 영향을 미친다고 합니다. 확실히 IQ가 109를 넘는 사람은 일반적으로 대뇌피질이 두껍습니다. 하지만 평범한 사람과의 차이가 뚜렷이 나타나기 시작하는 것은 9세 이후부터이고, 13세가 되면 그 차이가 굳어집니다. 즉, 태어날 때부터 피질이 두꺼운 건 아닙니다.

그리고 또 하나 재미있는 사실이 있습니다. IQ가 120을 넘는 뛰어난 두뇌를 소유한 경우, 어린 시절로 거슬러 올라가니 7~9세 즈음엔 오히려 평균보다 대뇌피질이 얇았습니다. 그 후 13세가 될 때까지 급격히 비대해지면서 피질이 두꺼워진 것이죠.

앞으로 팽창할 것을 계산해 어릴 때는 피질을 얇게 유지했던 걸까요? 크게 될 사람은 늦게 이루어진다더니 이런 걸 두고 '대기만성大器晩成'이라 하나 봅니다. 한때 '작게 낳아 크게 키우자'라는 주장이 유행처럼 돌았는데, 태어난 후의 두뇌 발달 측면에서도 '처음엔 작게 낳아 나중에 급성장시키는 것'이 좋을 것 같기도 하네요.

운동을 잘하는 학생일수록 공부도 잘한다?

IQ 이야기가 나왔으니, 겸사겸사 운동과 공부의 상관관계에 대해서도 살펴볼까요? 제가 초등학생이었을 때 저희 반에 '공부도 잘하고 운동도 잘하는' 축복받은 재능을 가진 학생이 있었습니다. 학생들 사이에서도 인기가 많았지요.

운동과 학습능력의 상관관계에 대해서는 예전부터 다양한 논의가 있었는데, 최근 뇌과학계의 입장을 보면 '관련 있다'라는 긍정적 의견이 눈에 띕니다. 일리노이대학교의 찰스 힐먼[Charles H. Hillman] 박사팀은 전문지에 '운동이 뇌 기능에 미치는 영향'에 대한 과학적 의견을 자세히 실었습니다. 치밀한 조사를 거친 연구 결과입니다.

초등학교 3학년과 5학년을 대상으로 운동능력과 학습능력의 상관관계를 대대적으로 조사한 결과, 둘 사이에 양의 상관관계가 인정되었습니다. 즉, '운동을 잘하는 학생일수록 공부도 잘한다'라는, 그야말로 부럽기 짝이 없는 상관관계가 성립했습니다. 특히 에어로빅 같은 유산소운동이 학습능력과 높은 상관관계를 보였습니다.

한편 체질량지수[BMI]가 높은 학생, 즉 비만에 해당하는 학생은 학업 성적이 낮은 경향이 있었습니다. 단, 이 연구 결과만 보고 '뚱뚱하면 멍청하다'라고 단편적으로 해석해서는 안 됩니다. 비만이더라도 성적이 뛰어난 학생은 많고, 그 반대도 많기 때문이지요. 다시 말해, 전체적으로 봤을 때 '체질량지수와 학업 성적은 반비례한다'라는 통계학적 경향(유의미한 상관관계)이 있을 뿐입니다. 통계학적 경향은 인과관계를 보여 주는 것이 아닙니다. 연구 결과를 함부로 해석하여 자기 주위에 있는 특정 개인에게 적용하면 쓸데없는 오해나 차별로 이어질 수 있으니 절대 일반화해서는 안 됩니다. 어디까지나 재미로 받아들여야지요.

다시 돌아가서, 미국 캘리포니아주 교육청도 운동능력과 학습능력에 관해 비슷한 내용을 발표했습니다. 이 내용은 과목별로 분석해 더 재미있습니다. '20m 왕복달리기'로 운동능력을 측정했는데 왕복달리기 성적과 가장 높은 상관관계를 보이는 과목은 '산수'였습니다. 왕복달리기 성적과 산수 성적이 무려 48%나 일치했죠. 국어 독해력과도 40%나 일치했습니다.

독해할 때는 뇌의 '전전두피질'과 '대상영역'이, 계산할 때는 '두정간구' 등이 활성화됩니다. 어린아이는 '배측 전전두피질'도 활성화되지요. 이러한 영역들은 유산소운동을 할 때 활성화되는 뇌 부위이기 때문에 운동능력과 학습능력에 양의 상관관계가 나타나는 것이 아닐까 추측하기도 합니다. 참고로 근력운동이나 스트레칭은 뇌의 다른 영역을 활성화하기 때문에 학습능력과는 밀접한 상관관계가 없다고 합니다.

뇌가 노화되었다고 착각하는 이유

연세가 지긋하신 분들은 어떨까요? 60세부터 85세까지의 고령자에게 10주간 유산소운동 강의를 듣도록 한 결과, 강의를 들은 사람은 듣지 않은 사람보다 시청각 인지능력 테스트 성적이 향상되었습니다. 이 테스트는 고도의 주의력을 요구하므로 성적이 향상되었다는 사실은 집중력이 좋아졌다는 뜻으로 해석해도 좋겠지요. 집중력은 훈련을 통해 높일 수 있다는 의미입니다.

참고로 저는 나이가 들면서 집중력이 떨어지는 것은 체력이 감퇴했기 때문이라고 생각합니다. 예를 들어, 나이가 들면서 책을 오랜 시간 진득하게 읽지 못하는 사람들은 대개 '뇌가 노화되었기 때문'이라 생각합니다. 뇌가 쉽게 지치고 피로해져서 집중력이 떨어졌다고 말이죠.

하지만 뇌보다 먼저 늙는 것은 오히려 '몸'입니다. 장시간 독서를 하려면 한 자세를 오래 유지해야 하는데 이것이 얼마나 많은 지구력과 근력을 소비하는 일인지 생각해 보세요. 체력이 없으면 책 하나 읽는 것도 버겁습니다. 무언가에 집중하려면 자세를 유지하는 데에 신경 쓰지 않아도 될 정도의 체력이 필요합니다. 한마디로 집중력 감소는 '체력 감퇴' 때문입니다. 하지만 사람들은 대부분 뇌가 노화했다고 착각합니다.

● 뇌가 노화한 게 아니라 체력이 떨어진 것이다

　　미국 보건복지부는 '하루에 30분 적당한 운동을 하라'는 가이드라인을 발표했지만, 실제로 국민 중 74%는 이를 실천하지 못하고 있다고 합니다. 캐나다에서는 고령자들의 운동 부족 문제만 해결해도 의료비의 약 2.5%는 절약할 수 있을 것이라는 추산이 나온 바 있습니다.

도둑맞은 집중력을
되찾는 방법

• 명상하는 뇌 •

요가는 세계에서 극히 일부 지역에서만 행하던 것인데, 언제부터인가 전 세계적으로 유행하기 시작하더니 지금은 그야말로 일상적인 것이 되었습니다. 요가 관련 물품과 서적, 나아가서는 가정용 비디오게임까지도 속속 출시되고 있지요.

훈련 일정에 요가를 넣는 프로 운동선수들도 적지 않습니다. 요가가 세계적으로 인기가 있다는 것은 오랜 전통을 자랑하는 요가만의 독특한 명상과 호흡법이 그만큼 실질적으로 효과가 높다는 의미가 아닐까요?

그 영향으로 최근 명상과 뇌의 관계를 과학적으로 규명하려는 움직임이 일고 있습니다. 그 도화선이 된 것은 2004년 미국 매사추세츠주에서 실시된 '정신을 탐구하다'라는 제목의 학제회의였지요. 달라이 라마를 비롯한 불교 승려와 일류 뇌 연구자들이 한자리에 모여 신경과학의 관점에서 명상을 이해하려는 대규모 프로젝트가 시작되었습니다.

명상의 달인인 불교 수행승과 우리 같은 일반인은 뇌가 활동하는 방식이 어떻게 다를까요? 일단 위스콘신대학교의 리처드 데이비드슨Richard J. Davidson 박사팀이 티벳불교 수행승 8명의 뇌파를 기록했습니다.

명상을 시작하자마자 뇌파에 뚜렷한 변화가 나타났습니다. 감마파라 불리는 뇌파가 기록된 것입니다. 수행 기간이 긴 고승일수록 감마파가 강하게 나타났습니다.

한편 초보자는 명상을 해도 감마파가 나오지 않았습니다. 이 사실은 수행을 쌓으면 자신의 의지로 뇌파를 조작할 수 있게 됨을 의미합니다. 이는 뇌의 새로운 활용, 즉 '가소성'이라는 관점에서 뇌과학적으로도 흥미로운 점이지요.

감마파는 주의력 및 집중력과 관련이 있습니다. 그렇다면 감마파를 자유자재로 조절할 수 있는 명상의 달인은 주의력이 높을까요? 데이비드슨 박사팀은 더 나아가 '집중력'을 관장한다고 알려져 있는 뇌 영역의 활동을 MRI로 측정했습니다.

그랬더니 의외의 결과가 나왔습니다. 명상을 했을 때 집중력에 필요한 뇌 부위가 더 강하게 활성화된 쪽은 초보자보다 수행승이었지만, 이는 수행시간이 아직 총 2만 시간 정도밖에 되지 않는 신참 승려일 경우였습니다. 오히려 수행시간이 4만 4000시간 이상인 고참 승려는 일반인 수준밖에 활성화되지 않았지요. 그런데 그러면서도 감마파를 강하게 생성해 냈습니다.

즉, 신참 승려는 집중해서 명상하지만, 고참 승려는 애써 집중하려고 염불을 외지 않아도 자연스럽게 명상 상태에 들어갈 수 있다는 뜻입니다. 힘들이지 않고도 자신을 조절하는 것입니다. 사념 없는 자연체, 이것이 달인의 명상입니다.

● 수행 기간이 긴 고승은 뇌파를 조절할 수 있다

집중은 좋은 것일까?

참고로 저는 집중력이란 본래 동물에게는 부자연스러운 것이라 생각합니다. 집중이란 주위에 휩쓸리지 않고 한 점에 의식을 모으는 것을 의미하니까요. 그런데 만약 얼룩말이 땅 위의 풀을 먹는 데에만 집중하면 어떻게 될까요?

육식동물에게 잡아먹히기 딱 좋겠지요. 야생동물들은 무언가 하나에 집중하지 않고, 오히려 의식을 주위에 분산시키면서 외부의 적을 경계하는 '분산력'이 더 필요합니다. 그래서 일부러 집중하지 않는 '비집중력'을 발휘하며 살아왔고, 그 능력이 뛰어난 동물들이 살아남았습니다.

하지만 인간 세계에서는, 특히 현대 사회에서는 공부가 됐든 업무가 됐든 오로지 '집중력'을 강조합니다. 너무 이상하다고 생각하던 차에 데이비드슨 박사팀의 연구 결과가 공개되었습니다. 진정한 고수는 집중 같은 부자연스러운 과정을 거치지 않고도 목적을 달성한다는 발견이었지요. 정말 재미있지 않나요?

승려가 아닌 초보자를 대상으로 한 실험에서도 수행의 효과가 드러났습니다. 예를 들어, 명상 훈련을 하면 뇌가 어떻게 변화하는지를 조사한 실험이 있습니다. 20세부터 64세까지의 자원자 41명에게 비파사나 명상(불교의 대표적 명상법 중 하나) 훈련을 받도록 한 것입니다. 텔레비전 화면에 빠른 속도로 표시되는 문자를 읽

195

어 내는 테스트입니다.

집중력뿐 아니라 동체시력도 요하는 고도의 테스트인데, 수행을 하자 정답률이 상승했습니다. 뇌를 검사한 결과, 메모리소스를 효율적으로 사용해 과제를 해결할 수 있게 되었음이 밝혀졌습니다. 뇌를 사용하는 방법 자체가 바뀐 것입니다.

참고로 이것은 3개월 내내 비파사나 명상을 매일 10시간 이상 해야 하는 매우 강도 높은 훈련입니다. 듣기만 해도 엄두가 안 나는데, 최근에는 하루에 20분씩 5일간 명상을 하는 것만으로도 이미 뇌 활동에 변화가 나타난다는 연구 결과가 나왔습니다.

이 정도는 현실적으로도 가능한 수준이니 기대할 만하지 않나요?

신체 움직임과 '미래 이미지'의 묘한 관계

명상 이야기가 나온 김에 상상력에 대해서도 잠시 이야기해 볼까 합니다. 최근 놀라운 발견이 있었습니다.

꿈, 소망, 기대……. 인간은 미래에 대한 생각을 많이 합니다. 미래를 그리는 능력은 희망에 부풀어 두근거리는 설렘을 느끼게도 해주지만, 다가올 일을 예상하여 철저한 대비를 하거나 장기적인 인생 계획을 세우는 데에도 매우 중요합니다.

"어린아이들에겐 과거도 미래도 없다, 그러니 현재를 즐긴다."

프랑스의 저술가 장 드 라 브뤼에르^{Jean de La Bruyère}가 한 말입니다. 그는 또 이렇게 말했습니다.

"그것은 어른들에겐 힘든 일이다."

우리는 어른이 되는 과정에서 자기도 모르는 새에 미래를 준비하는 마음을 갖습니다. 적절한 예측능력은 빠른 행동과 빠른 결단을 위해 꼭 필요한 것입니다.

미래를 상상하는 능력과 관련해, 워싱턴대학교의 칼 슈푸나르^{Karl K. Szpunar} 박사팀이 중요한 발견을 했습니다. 슈푸나르 박사팀은 21명의 피험자에게 미래와 과거를 생각해 보게 한 뒤 뇌의 활동을 기록했습니다.

예를 들어, '다음 생일에는 어떤 이벤트를 할까' 또는 '작년 생일에는 무엇을 했나' 등과 같이 말이지요. 그랬더니 미래를 상상할 때에만 활발하게 반응하는 뇌 부위가 몇 군데 있었습니다. 특히 현저한 반응을 보인 뇌 부위가 '전운동영역', 즉 신체 운동을 프로그래밍하는 대뇌피질이었습니다. 신체 움직임이 미래 이미지와 관련이 있다니, 정말 생각지도 못한 발견이지요.

그런데 다시 생각해 보면 우리는 책상에 놓인 펜에 손을 뻗을 때도 '손이나 팔 관절을 이렇게 움직이면 펜을 집을 수 있을 거야'라고 거리와 위치관계를 무의식적으로 예측하면서 움직입니다. 즉, 행동의 결과를 예상하여 손발의 움직임을 프로그래밍합니다. 신체운동용으로 설계된 신경회로를 일상적인 미래 계획에도 사용한다니, 진화적으로 정말 획기적인 발상이 아닐 수 없습니다.

혹시 '관념운동'이라는 말을 들어 보셨나요? 무언가를 강하게 떠올리면 자연스레 몸이 움직이는 현상입니다. 텔레비전으로 중계되는 복싱 경기에 너무 몰입한 나머지 자기도 모르게 주먹이 나간다거나 차량 조수석에 앉아 있는데 자기도 모르게 브레이크를 밟는 동작을 하는 것처럼, 상상하는 행위가 신체의 움직임과 직접적으로 연동된 경험은 다들 한 번쯤 있을 것입니다.

운동선수가 하는 이미지 트레이닝은 그런 효과를 노린 훈련이며, '꿈이 이루어졌다'는 것도 자신의 미래상을 구체적으로 그림으로써 신체와 뇌가 자연스레 목표를 향해 준비한 결과라 해석할 수 있겠지요.

늙으면 더 이상 꿈을 갖지 못할까?

상상력 메커니즘과 관련해 흥미로운 점은 기억을 관장하는 뇌 부위인 '해마'와 관련이 있다는 사실입니다. 하버드대학교의 도나 로즈 애디스^{Donna Rose Addis} 박사팀에 의하면 활기찬 미래를 상상할 때는 우뇌 반구의 해마가 활동한다고 합니다. 또 런던대학교의 엘리너 맥과이어^{Eleanor A. Maguire} 박사팀에 의하면, 해마가 손상된 환자는 미래를 선명하게 상상할 수 없다고 합니다.

해마와 관련이 있으니 아무래도 걱정되는 부분은 노화겠지요. 치매가 왔을 때 특히 심하게 손상되는 부위가 바로 해마거든요. 해마가 쇠약해지면 뚜렷한 미래상을 그릴 수가 없습니다. 어쩌면 뇌가 '늙는다'라는 것은 더는 꿈을 갖지 못한다는 말과 비슷할지도 모릅니다. 꿈이 있어 눈이 반짝반짝 빛나는 사람은 확실히 젊어 보이지 않나요? 꿈을 가진다는 것이 얼마나 중요한지, 최신 뇌 연구 성과를 보며 새삼 깨닫게 됩니다.

웃으면 복이 온다는 말이
사실인 이유

• 미소 짓는 뇌 •

"우리는 별 것 아닌 미소 하나가 얼마나 엄청난 일을 할 수 있
는지 알지 못한다."

마더 테레사가 한 말입니다. 웃음의 효과는 오래전부터 수많
은 심리학적 연구가 이루어졌습니다. 즐거운 감정은 문제 해결력
과 기억력, 집중력을 높여주는 효과가 있음이 밝혀졌지요. 웃으
면 복이 온다는 말은 웃음을 적극적으로 이용하면 좀 더 나은 삶
을 살 수 있다는 의미 아닐까요?

웃음의 효과로 먼저 사회적 영향력이 지대하다는 점을 꼽을 수 있습니다. 웃는 얼굴을 보면 기분이 좋아지는 것은 사람들의 공통된 심리입니다. 어지간히 비뚤어진 성격이 아니고서야 즐거워하며 웃는 사람을 보고 기분 나빠할 사람은 없습니다.

그리고 또 하나, 웃음은 전염됩니다. 이와 관련해 기묘한 실험이 진행됐습니다. 평생 웃음기 없이 무뚝뚝한 표정이라 친해지기 어려운 유형의 사람을 웃게 하려면 어떤 방법이 좋을지에 관한 실험입니다. 아무리 웃긴 유머라도 100% 웃는다는 보장은 없고, 오히려 기분을 상하게 할 수도 있지요. 실험을 통해 밝혀진 사실은 무뚝뚝한 사람 옆에 앉아서 그냥 아무 이유 없이 깔깔 웃는 것이 가장 확실한 방법이었다는 것입니다.

"웃는 얼굴에 침 못 뱉는다"라는 속담이 있습니다. 웃음의 힘을 보여 주는 속담입니다. 웃음은 소통을 할 때 우리가 휘두를 수 있는 가장 강한 무기입니다.

웃으니까 즐거운 것이라는 역인과 관계

그런데 연구가 진행되는 과정에서, 웃음은 그것을 보는 사람(웃음의 수신자)뿐 아니라 웃음 짓는 사람(웃음의 발신자)에게도 긍정적인 심리효과를 가져다준다는 사실이 밝혀졌습니다.

오토 폰 귀릭케 마그데부르크대학교의 토마스 뮌테[Thomas F. Münte] 박사팀의 논문을 한 번 볼까요?

여성이 젓가락을 입에 물고 있는 그림이 있습니다. 왼쪽 그림은 젓가락을 가로로 눕혀 '이'로 물고 있고, 오른쪽 그림은 젓가락을 세로로 세워 '입술'로 물고 있습니다.

젓가락을 가로로 물 때(왼쪽)는 표정근의 사용 방식이 미소 지을 때와 비슷합니다. 웃고 있지 않아도 강제적으로 미소 짓는 듯한 표정이 되지요. 반면에 세로로 물 때(오른쪽)는 침울한 표정이 됩니다.

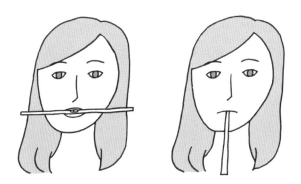

● '웃는 얼굴과 비슷한 표정'을 만들면 어떠한 효과가 있을까?
(PLoS One 4:e5754, 2009에서 인용)

뮌테 박사팀은 미소와 비슷한 표정을 지으면 도파민계 신경 세포 활동이 변화한다는 사실을 발견했습니다. '도파민'은 뇌의 보상중추, 즉 '쾌락'과 관련이 있는 신경전달물질이므로 즐거워서 웃는다기보다 웃으니까 즐겁다는 역인과reverse causation가 우리 뇌에 존재함을 알 수 있습니다.

실제로 그림과 같이 두 가지 표정을 지은 상태로 만화를 본 뒤 만화가 얼마나 재미있었는지 점수를 매기게 했더니, 같은 만화를 봤음에도 젓가락을 가로로 물고 있는 경우에 점수가 더 높았다고 합니다.

그런데 이보다 더 놀라운 일이 있습니다. 다음에 나오는 단어 리스트를 한 번 볼까요?

맛있다, 죽음, 친절, 칭찬하다, 패배하다, 웃다, 실패, 어둠, 놀이공원

이 단어들이 '즐겁다'와 '슬프다', 둘 중 어떠한 감정에 속하는지를 분류하게 했는데, 젓가락을 가로로 물면 '즐거운 단어'를 판별해 내는 시간이 '슬픈 단어'를 판별해 내는 시간보다 짧았습니다. 즉, 웃음이 즐거운 것을 찾아내는 능력을 향상시킨다는 의미입니다.

웃음이 밝고 유쾌한 것을 모으는 역할을 한다니 무슨 소리인

가 싶지요? 이를 뒷받침하는 근거를 '보톡스' 실험에서 찾을 수 있었습니다.

보톡스가 가진 의외의 효과

미용에 관심이 있는 여성이라면 보톡스에 대해 잘 알 것입니다. 피부 노화를 막는 마법의 물질이지요.

실제로 보톡스는 식중독의 원인이라 알려진 보툴리누스균의 독소입니다. 보툴리누스균에 의한 식중독은 증상이 경미한 경우엔 사지 마비 정도로 그치지만, 심한 경우엔 호흡곤란으로 사망에 이를 수 있습니다. 즉, 보톡스에는 근육을 이완시키는 작용이 있습니다.

이 독소를 얼굴에 주입하면 안면근육의 움직임이 둔화되어 주름이 잘 생기지 않지요. 이것이 바로 노화를 막는 원리입니다. 다양한 표정을 지을 수가 없다는 단점이 있긴 하지만, 외모가 점점 늙어 가는 것이 두려운 부유층이나 연예인들을 중심으로 널리 사용되고 있습니다.

보톡스의 효과와 관련하여, 서던캘리포니아대학교[USC]의 데이비드 닐[David T. Neal] 박사가 흥미로운 연구 결과를 발표했습니다. 보톡스를 맞으면 상대의 감정을 읽기가 힘들다는 것입니다.

닐 박사는 총 126명의 참가자에게 다양한 표정 사진을 보여 주고 '즐겁다', '슬프다' 등의 감정을 읽게 했습니다. 그 결과, 얼굴에 보톡스를 맞으면 표정을 읽는 능력이 떨어진다는 사실을 알 수 있었습니다.

닐 박사는 이러한 결과에 대해 '무의식중에 상대의 표정을 모방하면서 상대의 감정을 해석하기 때문'이라고 설명합니다. 미소 짓는 사람을 보면 누구나 '저 사람, 되게 즐거운가 보다'라고 느낄 것 같지만, 사실 그렇지 않다는 것입니다.

아기를 보면서 미소를 지으면 아기도 미소로 답해 줍니다. 이러한 사실에서도 알 수 있듯이, 우리 인간은 원래 상대의 행동을 따라 하는 습성이 있습니다. 특히 공감하는 상대라면 무의식적으로 상대와 비슷한 동작을 취합니다(따라 하니까 공감이 되는 것일 수도 있지만).

표정을 보고 감정을 읽어 낼 때도, 가령 '미소'를 짓는 상대를 보면 자신도 모르게 그 표정을 슬며시 따라 하게 됩니다. 그러면 웃음의 효과로 자신도 즐거워지지요. 우리는 '어? 따라 했더니 즐거워지네? 그 말은 저 사람도 즐거웠다는 건가?'라고 추론하며 상대의 감정을 읽는 것입니다.

이렇게 생각하니, 웃음이 타인에게 전염된다거나 웃으면 즐거운 단어를 빨리 가려낸다는 그 신기한 연구 결과가 이해되지요?

전 이런 놀라운 연구 결과를 보면, 많이 웃어서 자글자글해진 노인들의 눈가주름이 멋진 인생을 살았다는 증표로 주어진 훈장 같다는 생각이 듭니다. 분명 많이 웃는 사람들과 함께 살아온 것이겠지요.

참고로 대화를 하다가 상대가 커피를 마시면 자기도 컵에 손을 뻗고, 상대가 턱을 괴면 자기도 턱을 괴는 등 자기도 모르게 상대의 행동을 따라 하면 상대가 나에게 더 호감을 느끼게 된다고 합니다. 원숭이들도 자신의 행동을 따라 하는 인간을 좋아한다고 하니, 아무래도 흉내에는 종을 초월하여 호감을 느끼게 만드는 힘이 있는 모양입니다.

인간은 왜 웃을까?

그런데 인간은 왜 웃는 걸까요? 이는 철학적으로도 오래된 질문입니다. 앞에서 든 몇 가지 실험 사례를 보더라도 인간의 마음은 웃음 짓는 능력을 적극적으로 이용하는 게 분명합니다.

사실 인간은 웃는 얼굴 외에도 표정이 매우 풍부한 동물입니다. 표정을 짓기 위한 얼굴 근육이 다른 동물에 비해 훨씬 발달했거든요. 다채로운 표정은 타인과 소통하는 데에 도움이 되는 것은 물론이고, 앞서 설명했듯이 표정을 짓는 본인에게도 영향을 줍니다. 즉, 감정을 표현하는 행위 자체에 의미가 있다는 뜻입니다. 약 140년 전에 찰스 다윈[Charles Darwin]이 비슷한 지적을 했는데, 당시에는 과학적으로 증명하기가 어려웠습니다.

이에 관해 최근에 이루어진 상징적 연구로는 토론토대학교의 심리학자 조슈아 서스킨드[Joshua M. Susskind] 박사팀의 실험이 있습니다.

서스킨드 박사팀은 '공포'와 '혐오' 표정에 대한 실험을 진행했습니다. 대부분 잘 모를 테지만 공포와 혐오는 둘 다 '부정적'인 감정이지만 표정은 대조적입니다. 근육을 쓰는 방식이 정반대이기 때문이지요. 얼굴 그림 속의 화살표 방향을 보세요.

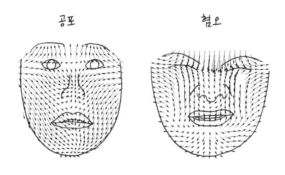

● 표정을 지을 때 안면근육이 움직이는 방향
(Nature Neuroscience 11, 843-850(2008)에서 인용)

서스킨드 박사팀은 피험자에게 각각 공포에 질린 표정과 혐오하는 표정을 짓게 하고, 그때 일어나는 다양한 신체적 변화를 조사했습니다. 여기서 주의할 점은 피험자가 실제로 공포나 혐오를 느껴서 자신의 감정에 따른 표정을 지은 것이 아니라, 그냥 공포와 혐오를 느끼는 척을 한 것뿐이란 사실입니다.

흥미롭게도 공포에 질린 표정을 짓자 시야가 넓어지고 동공이 빠르게 움직여 멀리 있는 표적을 쉽게 찾아낼 수 있었습니다. 그리고 콧구멍이 커지고 호흡도 가빠졌습니다. 한편, 혐오하는 표정을 짓자 그와는 반대로 시야가 좁아지고 콧구멍이 좁아지며 지각능력이 떨어졌습니다.

이는 합리적인 변화입니다. 공포를 느낄 때, 그에 대비하기 위해 외부를 향한 안테나가 민감해지는 것은 너무도 당연하고 중요하니까요. 반면에 혐오를 느낄 때는 감각이 입력되지 않게 차단하는 편이 좋습니다. '냄새가 나니까 일단 뚜껑을 덮어 두자'는 작전이지요.

즉, 이 실험 결과는 공포에 대한 준비는 공포의 감정 그 자체가 아니라 공포에 질린 표정을 지어야 비로소 시작된다는 것을 보여 줍니다.

이처럼 얼굴 표정은 본인의 정신과 신체 상태에도 영향을 미칩니다. 이것이 바로 '안면 피드백'이라 불리는 효과이지요. 누구도 반박할 수 없는 검증 결과를 내기엔 아직 실험적인 어려움이

존재하지만, 안면 피드백 가설을 뒷받침하는 연구 결과는 서스킨
드 박사팀의 연구 외에도 많습니다.

자세를 바르게 하면 자신감이 생긴다

그런데 표정만 중요한 것이 아닙니다. 자세도 중요합니다. 의
자 등받이에 등을 곧게 편 상태로 앉아 보세요. 자세를 바르게 하
면 왠지 모르게 기분이 좋아지거든요.

일본에서는 유도, 궁도, 다도와 같이 뒤에 '도道'를 붙이는 전
통이 있습니다. 이렇게 '도道'가 붙은 것들은 공통적으로 '자세'를
강조합니다.

자세의 중요성에 대한 설명은 예전부터 많았는데 ① 외부에
좋은 인상을 주기 위한 형식미 ② 깊은 수행의 결과인 정신미, 크
게 이 두 가지로 나눌 수 있습니다. ①은 시각적 효과이므로 직감
적으로 이해하기 쉽지만, 저는 내면을 지향한 ②에 좀 더 흥미가
있습니다.

마드리드자치대학교의 심리학자 파블로 브리뇰Pablo Briñol 박사
팀의 실험 결과를 살펴볼까요? 연구팀은 대학생 71명을 모아 자
세가 자기평가에 미치는 영향을 조사했습니다. 실험은 매우 단순
합니다. 학생들을 대상으로 설문조사를 하면서 '취업을 대비해서

자신의 장단점을 적어라'고 하는 것입니다. 이때 각각 허리를 곧게 펴고 앉은 자세, 구부정하게 앉은 자세로 적게 했습니다.

그랬더니 허리를 곧게 펴고 앉은 자세로 적은 내용이 구부정하게 앉아 쓴 내용보다 확신의 정도가 높음을 알 수 있었습니다. 즉, 자신이 쓴 내용에 대해 '정말로 그렇게 생각한다'라고 강한 확신을 보인 것입니다.

참고로 쓴 내용과 항목 수는 어떤 자세로 쓰든 차이가 없었습니다. 다시 말해, 자세를 바르게 하면 자기평가 내용 그 자체가 아니라 자신이 낸 답안에 느끼는 자신감의 정도가 달라지는 것입니다.

달콤한 기억, 쓰디쓴 추억

이번에는 표정과 심리의 관계를 다른 관점에서 한 번 생각해 볼까요? 예를 들어, '달콤한 기억'과 '쓰디쓴 추억'이라는 표현이 있습니다. 곰곰이 생각해 보면 어딘가 기묘한 표현입니다. 기억과 추억에 맛이란 게 있을 리가 없으니, 이는 은유적 표현으로 보아야 하겠지요. 굳이 설명하지 않더라도 이해되는 메타포^{metaphor}입니다.

경험과 감정을 '미각'에 비유하는 방법은 일본어 외에도 영어

(sweet memory 등)를 비롯한 수많은 언어에서 공통으로 나타납니다. 심리표현과 미각에는 본질적인 관계가 있음을 엿볼 수 있지요. 실제로 이를 뒷받침할 실험 결과가 토론토대학교의 아담 앤더슨 Adam K. Anderson 박사팀에 의해 공개되었습니다.

연구팀은 불쾌한 맛인 '쓴맛', '짠맛', '신맛' 이렇게 세 종류의 수용액을 핥았을 때의 표정 변화에 주목했습니다. 안면 근전도 검사를 한 결과, 쓴맛일 때만 상순거근(윗입술올림근)이 수축한다는 사실이 밝혀졌지요. 코 옆 근육이 확 수축한 것입니다.

다음으로 연구팀은 미각이 아닌 시각, 즉 다양한 장면의 사진을 봤을 때 상순거근이 어떻게 움직이는지를 기록했습니다. 그 결과 끔찍한 사진, 가령 시체에 구더기가 들끓고 있는 영상을 봤을 때도 상순거근이 수축함을 알 수 있었습니다. 쓴맛을 맛보았을 때와 비슷한 표정을 짓는 것입니다. 주관적으로 느낀 혐오가 심하면 심할수록 근육 수축도 심하게 일어났습니다.

마지막으로 연구팀은 최후통첩 게임을 진행했습니다. '돈을 나누어 갖는' 최후통첩 게임으로는 도덕성을 가늠할 수 있습니다. 실험 결과, 납득할 수 없는 배분율을 제시받았을 때도 상순거근이 수축했습니다.

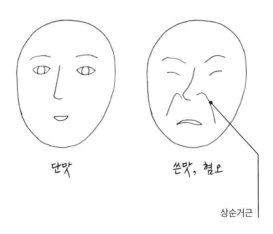

단맛   쓴맛, 혐오

상순거근

● 심리표현과 미각은 본질적으로 관련이 있다
(Science 323:1222-1226,2009에서 인용)

표정도 타고난다고 주장한 찰스 다윈

앤더슨 박사팀은 제시액에 납득하지 못하는 감정을 '슬픔', '분노', '혐오'로 나누어 더 자세히 조사했습니다. 그 결과 상순거근의 반응과 가장 강한 상관관계를 보인 것은 '혐오'였다고 합니다. 또 상대의 제안을 거부할지 말지에 대한 결단과 가장 강한 상관관계를 보인 것도 '혐오'였습니다('분노'가 아니라는 점이 흥미롭지요). 도덕적 혐오감도 쓴맛을 느꼈을 때의 표정과 관련이 있는 듯합니다.

이러한 사실을 근거로 연구팀은 '도덕심은 진화적으로 예전부터 존재한 심리적 반응을 원형으로 하여 파생되었다'라고 설명합니다. 한마디로 오래전 생물은 쓴맛(독)이나 악취(부패) 등 생명에 위협이 될 것들을 거부하는 시스템을 이미 갖추고 있었고, 훗날 뇌가 이 효과적인 시스템을 다른 곳에도 가져다 써서 도덕심이라는 고도의 사회적 감정을 만들었다는 것입니다.

이번 실험으로 얻은 결과만 가지고 이 정도로 대담한 결론을 도출하는 것이 억지스럽게 느껴질지도 모르겠지만, 이러한 논의는 사실 찰스 다윈이 1872년에 쓴 『인간과 동물의 감정표현』에서 이미 다룬 바 있습니다. 다윈은 이 책에서 표정은 타고난다고 지적하며 표정의 기능을 의미론적으로 고찰했지요.

과학은 재현성을 중시하므로 과거 한 번밖에 나타나지 않은 생물의 '진화' 경위에 확고한 의미와 설명을 부여하기는 어렵지만(진화에 재현성이 있는지 불명확하기 때문), 이번 실험이 보여 주는 관점은 우리의 생활습관과 심리 상태를 이해하는 데에 중요합니다.

불안해서 땀을 흘리면
동정심이 유발된다

• 페로몬에 끌리는 뇌 •

뒤셀도르프대학교의 베티나 파우제Bettina M. Pause 박사팀이 발표한 논문을 보면, 불안이 땀을 통해 타인에게 전해진다는 놀랄 만한 연구 결과가 나옵니다. 물론 불안은 보통 표정이나 목소리 톤, 행동을 통해 상대방에게 전달됩니다. 그러나 연구팀에 따르면 이러한 시청각 정보가 없어도 불안은 공기 중에 확산되는 분자를 통해 전해진다고 합니다.

이 말을 들으면 아마 가장 먼저 '페로몬'이 떠오를 것입니다. 곤충부터 척추동물에 이르기까지 다양한 동물들이 소통할 때 페로몬을 이용합니다. 다만 인간은 예외적인 동물입니다. 페로몬을 느끼는 보습코기관$^{vomeronasal\ organ}$이 퇴화되었고, 페로몬이 쓰이는 상황이 극히 한정적이거나 거의 쓰이지 않기 때문이지요. 파우제 박사팀이 발견한 '불안'의 전파도 페로몬과는 다릅니다. 어디까지나 후각에 의한 것이니까요.

그런데 인간에게 타인의 몸에서 나는 냄새, 즉 '체취'를 맡아 개개인을 구분해 내는 능력이 있다는 것은 오래전부터 알려진 사실입니다. 예를 들어, 맥길대학교의 요한 룬드스트룀$^{Johan\ N.\ Lundström}$ 박사팀은 여성들이 티셔츠에 밴 냄새로 혈연자와 비혈연자를 구별할 수 있다는 사실을 알아냈습니다.

다만 엄밀히 말하자면, 의식적으로 '구별해 낸다'기보다는 근친자의 냄새를 맡았을 때 뇌의 전두엽이 더욱 강하게 반응한다는 사실이 MRI 영상을 통해 밝혀진 것입니다. 중요한 사실은 여성들이 의식적으로 혈연자의 냄새를 구별한 건 아니라는 점입니다. 즉, 뇌는 무의식적으로 이 냄새가 혈연자의 것인지 아닌지 식별합니다. 이러한 잠재능력은 아마 네포티즘^{nepotism}(연고주의)을 촉진하거나 근친상간을 피하는 데에 중요하게 작용하겠지요. 이는 생리적으로 느껴지는 호불호이거나 본능적인 감입니다.

성적 페로몬은 실재하는가?

파우제 박사팀이 수행한 '불안' 실험으로 돌아갑시다.

연구팀은 학위 취득을 위한 최종구술시험을 앞둔 대학생 49명을 모아, 시험 직전 긴장한 상태에서 흘린 '불안 땀'을 채취했습니다. 또 같은 학생들로부터 헬스장에서 운동하며 흘린 '운동 땀'도 채취했습니다.

그리고 또 다른 14명의 학생을 모아, 그들에게 '불안 땀'과 '운동 땀'을 맡게 한 뒤 둘 중 어느 땀에 해당하는지를 구별하도록 했습니다. 정답률은 51%. 우연이라 해도 될 만큼 절반밖에 정답을 맞히지 못했지요. 이 둘은 식별할 수 없다는 뜻입니다.

그런데 뇌 영상에 나타난 인간의 뇌는 이 두 땀에 대해 다른 반응을 보였습니다. 이는 무의식의 영역에서는 긴장되고 불안한 상태에서 흘린 땀과 운동을 하며 흘린 개운한 땀을 명확히 구별할 수 있음을 의미합니다.

주목할 점은 불안해서 흘린 땀이 '섬피질' 등의 부위를 활성화시켰다는 것입니다. 섬피질은 동정이나 고통에 관여하는 뇌 영역이니, 불안해서 흘리는 땀은 어쩌면 주위 사람들의 동정심을 유발할지도 모릅니다.

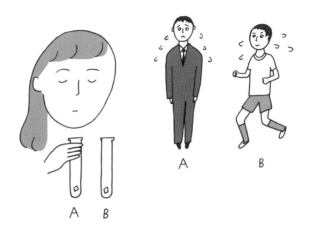

● 뇌는 '불안 땀'과 '운동 땀'을 명확히 식별했다

    연구팀은 "불안이라는 화학적 감각 신호가 일으키는 생리 반응은 감정의 자동적인 전염에 관여하는 것으로 보인다. 즉, 타인의 냄새를 맡는다는 것은 타인의 감정이 보내는 화학적 표현을 자신의 내면에 받아들이는 것이다"라고 자신들의 연구 결과를 멋지게 설명했습니다.

    그러고 보면 일상 속에서도 왠지 모를 연민이 느껴질 때가 있지 않나요? 어쩌면 그 상대는 속으로 SOS를 외치며 땀을 흘리고 있었을지도 모릅니다.

    앞서 설명했듯이, 인간의 보습코기관은 퇴화되었기 때문에 페로몬에 의존한 소통은 매우 한정된 상황에서만 이루어집니다. 인간은 페로몬 같은 원시적인 수단을 쓰지 않더라도 언어, 표정,

동작 등 훨씬 섬세하게 정보를 전달할 수 있는 수단을 갖고 있기 때문이지요.

참고로 시카고대학교의 마사 맥클린톡[Martha K. McClintock] 박사팀이 약 40년 전 기숙사에서 공동생활을 하는 여학생들의 생리주기가 겹치는 현상에 주목하여 인간에게도 페로몬이 존재하는 것으로 보인다는 발표를 한 바 있습니다. 현재로서는 겨드랑이의 아포크린샘에서 분비되는 안드로스타디에논[androstadienone]이라는 무취의 물질이 후보선상에 올랐는데, 아직 완전하게 결론이 난 상태는 아닙니다.

이 정도로 명확한 작용을 보이는데도, 정확하게 페로몬이라 부르지 않고 페로몬'성' 물질이라 부르며 신중한 태도를 유지하는 연구자도 적지 않습니다.

향기 자극은 뇌에 직접적으로 전달된다

향기를 생활 속에서 적극적으로 이용하는 방법으로는 '아로마 테라피'가 있습니다. '아로마 테라피'라는 용어는 1920년대 후반에 프랑스 과학자 르네 모리스 가테포세[René-Maurice Gattefossé]가 처음 도입했습니다.

그는 연구실에서 화학실험을 하다가 폭발사고를 일으켰는

데, 그 사고로 손에 큰 화상을 입었습니다. 그러다 우연히 라벤더 오일이 화상 자국에 닿았고, 라벤더 오일이 화상 치료에 효과가 있음을 알게 되었지요. 이것이 일반적으로 알려진 아로마 테라피의 시작입니다.

물론 그 이전에도 아로마 식물은 의료 현장 등에서 사용되었습니다. 고대 중국에서 쓰던 향료가 바로 그 예입니다. 또 고대 이집트에서는 시신의 부패를 방지하기 위해 사용하였고, 고대 로마에서는 입욕 시 식물에서 유래된 천연화합물을 사용했습니다. 아로마와 인류의 인연은 생각보다 꽤 깁니다.

흔히 말하는 '약(생약과 한방약)'에 비하면 아로마는 과학적 근거가 아직 미약하긴 합니다만, 최근 들어 조금씩 아로마의 효능과 유효성분에 대해 과학적 검증이 이루어지기 시작했습니다. 그것을 상징하는 것이 바로 브라운대학교의 레이첼 헤르츠[Rachel S. Herz] 박사팀이 2009년 2월에 발표한 연구 보고서입니다. 총설만 28페이지에 달하는 이 꼼꼼한 보고서의 제목은 「아로마 테라피의 진실과 허구」입니다.

연구팀이 조사한 바에 따르면 아로마의 효능 중 몇 가지는 미신에 가까운 것도 있는데, 수천 년간 도태의 과정을 거쳐 살아남은 것인 만큼 현대과학의 관점에서 봐도 '효과가 있어' 보이는 것이 많다고 합니다.

효과를 발휘하는 메커니즘은 크게 둘로 나뉩니다. 약리작용과 심리작용이지요. 약리효과란 실제로 오일에 함유된 화학성분이 신체에 작용하여 일반적인 약과 동일한 원리로 효과를 보이는 것을 말합니다. 심리작용이란 향유 성분이 기분이나 분위기에 영향을 준다는 의미입니다. 일반적으로 아로마는 의약과는 달리 약리작용보다는 심리작용이 더 강하다는 특징이 있지요.

인간에게는 오감이 있습니다. 보고(시각), 듣고(청각), 맡고(후각), 맛보고(미각), 피부로 느낍니다(촉각). 그런데 이 중에서도 '후각'은 특수합니다.

해부학적으로 설명하자면, 후각 외의 네 가지 감각은 뇌의 대뇌피질에 도달하기 위해 '시상'이라는 경유지를 거쳐야 하는데, 후각 정보는 시상을 경유하지 않고 대뇌피질과 '편도체'에 직통으로 도달하거든요.

한마디로 향기 자극은 대뇌에 직접적으로 전달됩니다. 심지어 후각 정보는 잠자는 도중에도 뇌에 전달됩니다. 특히 후각계에 가까운 곳 중 하나인 '편도체'는 감정과 관련 있는 중요한 뇌 부위입니다. 아로마 테라피의 심리효과가 이만큼 높은 이유가 이것 때문이지요.

참고로 다양한 조사 결과를 하나하나 살펴보면, 아로마의 심리효과는 남성보다 여성에게서 더욱 강하게 나타난다는 사실을 알 수 있습니다. 여러 연구 그룹이 각자 연구를 실시한 결과 똑같은 결론에 도달했습니다. 여성이 아로마 테라피를 더 좋아하는 이유를 단순히 멋이나 분위기 같은 외적인 측면만으로 설명하기는 힘듭니다. 어쩌면 성별의 차이 때문일지도 모르겠네요.

시상

편도체   대뇌피질

향기 자극은 대뇌에
직접적으로 전달된다.

● 시각, 청각, 미각, 촉각 정보 → 시상 → 대뇌피질 후각 정보 → 대뇌피질, 편도체

커피 원두의 향을 맡으면 어떻게 될까?

헤르츠 박사팀이 쓴 과학논설에 아로마 테라피와는 그다지 관련이 없지만 매우 흥미로운 실험이 소개되었습니다. 렌셀러폴리테크닉대학교의 로버트 배런$^{Robert A. Baron}$ 박사팀이 볶은 커피 원두를 사용해 진행한 실험인데, 커피 원두 향을 맡으면 타인에게 친절해진다는 내용입니다.

많은 쇼핑객으로 붐비는 대형 쇼핑몰에서 볶은 커피 원두와 갓 구운 빵 냄새가 나면 모르는 사람이 떨어트린 펜을 주워 주거나 잔돈을 선뜻 바꿔 줄 확률이 높다는 말은 예전부터 있었습니다. 이를 배런 박사팀이 실험을 통해 검증한 것입니다.

자세한 내용은 생략하겠지만, 이 실험을 통해 알게 된 사실은 커피 원두 향처럼 마음을 편안하게 만드는 향을 맡기만 해도 상대방에게 좋은 인상을 품게 되고, 그러한 긍정적인 감정은 '저 사람을 도와주고 싶다'는 심리로 전환된다는 것입니다.

천 년이 넘는 역사를 가진 커피 향의 비밀

커피 원두 향에 관해서는 일본 산업기술종합연구소 란딥 라크왈$^{Randeep Rakwal}$ 박사팀이 의미 있는 실험 결과를 발표했습니다.

이 실험에서는 쥐를 이용했습니다. 그리고 정상 쥐와 24시간 내내 잠을 자지 못해 수면 부족 상태인 쥐를 준비하여, 커피 원두 냄새를 맡게 한 것입니다. 그리고 뇌 안에서 어떤 유전자 및 단백질의 발현에 변화가 생기는지 자세히 조사했습니다.

우선 수면 부족 상태인 쥐의 뇌에서는 몇 가지 유전자 발현이 감소했습니다. 너무 전문적인 내용이라 구체적인 명칭을 열거해도 좋을지 모르겠지만, 굳이 적어 보자면 신경영양인자 수용체, 글루코코르티코이드 유도 수용체, 열충격 단백질$^{\text{Heat Shock Protein, HSP}}$ 등과 같은 분자가 뇌 안에서 감소한 것입니다. 이 분자들은 스트레스 응답(스트레스에 적응하여 생체 내부의 항상성을 유지하려는 생체반응-옮긴이)으로 뇌 세포를 보호하고 뉴런의 성장 및 유지를 촉진하는 인자로 알려져 있습니다. 수면이 부족해진 탓에 감소한 것입니다.

그리고 바로 이 수면 부족 상태의 쥐에게 커피 원두 냄새를 맡게 했습니다. 커피전문점에서 로스팅한 콜롬비아산 아라비카 원두의 커피 향을 사육박스 안에 분사했더니, 유전자 발현이 부분적이지만 회복되었습니다.

쥐가 '커피 향 끝내주는데? 잠을 못 자서 피곤한 것도 짜증도 싹 날아가는데?'라고 생각하는지 알 수는 없지만, 쥐는 이러한 심리적 효과가 인간만큼 크지 않을 것이라는 게 신경과학계의 일반적인 생각입니다. 즉, 쥐의 뇌에서 나타난 영향은 커피 원두 향에 의한 정신적 이완 효과가 아니라 약리적 영향일 가능성이 큰 것입니다.

　커피라고 하면 대부분 카페인 작용에만 주목하는데, 이 실험에서도 알 수 있듯이 커피를 마시지 않고 커피 향만 맡아도 효과가 있다고 합니다.

　커피는 아프리카에서 자라는 식물로, 무려 천 년이 넘는 세월 동안 인류와 함께했습니다. 이 정도로 오랫동안 함께한 것을 보면, 우리 선조들은 이미 커피 향의 비밀을 경험적으로 알고 있었을지도 모르겠네요.

따뜻한 커피와
따뜻한 성격의 상관관계

• 온도와 색에 민감한 뇌 •

따뜻한 사람과 차가운 사람. 참 재미있는 표현입니다. '따뜻하다', '차갑다'와 같이 온도로 인격을 비유하는 표현은 전 세계에서 공통적으로 찾아볼 수 있습니다. 영어로도 사람의 성격을 'warm', 'cold', 'cool' 등으로 표현합니다.

물론 인격이 물리적으로 차갑거나 뜨겁진 않지요. 하지만 인지언어학자들은 '상대에게서 받는 내적 인상을 구체화하는 데엔 효과적인 수단'이라 설명합니다.

이러한 비유 표현은 넓은 의미에서 교차감각cross-modality, 즉 공감각에 가까운 감성에 기초하고 있습니다. 침팬지도 '높은 음과 밝은 색', '낮은 음과 어두운 색'을 연결 짓는다고 하니, 인간이 아닌 동물들에게도 존재하는 진화적으로 보존된 비언어적 감각일지도 모릅니다.

콜로라도대학교의 로렌스 윌리엄스Lawrence E. Williams 박사팀이 기발한 연구를 했습니다. 온도가 실제로 정신 상태에 영향을 주는지를 알아보는 실험입니다.

연구팀은 엘리베이터 안에서 옆에 있는 사람에게 "메모를 좀 해야 하는데 이 커피 좀 잠깐만 들어 주시겠습니까?"라고 부탁하는 실험을 실시했습니다. 이때 뜨거운 커피와 차가운 커피 중 하나를 준비하여 상대의 반응을 비교해 보았습니다.

실험이 끝난 후 커피를 대신 들어 준 사람에게 부탁한 사람의 인간성이 어때 보였는지 물으니, 차가운 커피보다 따뜻한 커피일 때 "온화해 보이고 친근감이 느껴졌다"라며 좋게 평가했습니다.

무슨 실험이 이렇게 단순하냐고 생각할 수도 있습니다. 하지만 비오는 날보다는 화창한 날에 첫 데이트를 해야 상대에 대한 호감이 더 생긴다는 사실도 실험심리학적으로 밝혀진 바 있으니, 누군가에 대한 인상은 생각보다 환경적 요인의 영향을 많이 받는다고 볼 수 있겠지요.

물론 날씨는 우리가 통제할 수 없는 영역이지만 고객에게 타 주는 커피의 온도 정도는 조절할 수 있으니, 상대의 호감을 얻고 싶을 때 활용하면 좋을 것 같습니다.

● **따뜻한 커피를 건네면 사람도 따뜻하게 느껴진다**

빨간색은 스포츠 경기 승률도 높인다?

온도뿐 아니라 색깔도 우리 마음에 큰 영향을 미친다고 합니다. 지금부터 색깔과 관련하여 밝혀진 연구들을 몇 가지 소개하고자 합니다.

복싱 경기에서는 청코너보다 홍코너의 승률이 높다는 걸 아시나요? 그 이유는 단순합니다. 보통 청코너보다 강한 선수, 예를 들자면 타이틀 보유자나 경험이 많은 선수가 홍코너로 배정되기 때문이지요. 게다가 청코너 뒤에 입장하는 홍코너 선수의 경우에는 입장 시 쏟아지는 팬들의 성원과 경기장 내 열기가 바로 경기로 이어지기 때문에 좀 더 유리합니다.

그런데 더럼대학교의 러셀 힐^{Russell A. Hill} 박사팀이 올림픽에서 복싱과 레슬링 등의 경기를 철저히 분석했는데, 역시 홍코너가 청코너보다 10~20% 정도 승률이 높다는 사실을 발견해 냈습니다. 올림픽에서는 홍코너와 청코너가 무작위로 결정되고 입장도 동시에 진행되는데, 그럼에도 차이가 나는 것입니다. 빨간색 유니폼과 보호대를 몸에 착용하기만 해도 승리의 기운이 높아진다는 의미입니다.

이와 비슷한 현상은 '유도'에서도 나타납니다. 흰색 유도복과 청색 유도복은 승률이 다른데, 청색 유도복을 입은 선수가 이길 확률이 더 높다고 합니다.

컴퓨터 모니터 테두리가 빨간색이면 업무 능률이 떨어진다

이처럼 색깔이 우리의 마음 상태에 미치는 효과는 엄청납니다. 그렇다면 색깔이 공부나 업무에도 영향을 미칠까요? 색깔은 스포츠 경기뿐 아니라 학습이나 지적 능력을 요하는 작업에도 영향을 줍니다. 로체스터대학교의 심리학자 앤드류 엘리엇[Andrew J. Elliot] 박사팀이 다양한 측면에서 검토했습니다.

IQ테스트를 할 때 내용은 동일하고 표지 색깔만 흰색, 빨간색, 초록색 등으로 다양한 문제지를 준다면 IQ 결과가 어떻게 달라질까요? 또 애너그램 테스트(문자의 배열을 바꾸어 의미가 있는 단어를 만드는 테스트) 문제지 오른쪽 상단에 1~2센티미터 크기의 표식이 있는데, 그 표식의 색깔을 검은색, 빨간색, 초록색으로 다양하게 바꾸면 점수는 어떻게 달라질까요?

아마도 대부분은 앞서 소개한 복싱의 사례를 근거로 빨간색일 때 가장 점수가 높으리라 예상할 것입니다. 그런데 실제로 얻은 결과는 정반대였습니다. 빨간색일 때 점수가 가장 낮았지요. 평균적으로 점수가 거의 20%나 떨어졌습니다. 참고로 흰색과 초록색(표지), 검은색과 초록색(표식)일 경우는 점수 차이가 거의 없었습니다.

비슷한 예로 나고야대학교의 핫타 다케시[八田武志] 박사팀이 컴퓨터 모니터 테두리가 빨간색이면 업무 능률이 떨어진다는 연구 결과를 발표했습니다.

　그렇다면 빨간색의 효과를 어떻게 설명하면 좋을까요? 다양한 가능성을 생각해 볼 수 있습니다. 예를 들어, 앨버타대학교의 로버트 싱클레어^{Robert C. Sinclair} 박사팀은 다음과 같이 설명합니다. 빨간색이나 노란색처럼 긴 파장을 가진 빛은 '행복감'과 관련이 있는데, 행복감은 일종의 충족감이므로 학습욕구뿐만 아니라 인지기능까지도 떨어트린다고 말이지요. 하긴 인간은 만족하고 나면 동기부여가 약해지는 경향이 있습니다.

정말 공부방에는
빨간색 커튼을 달면 안 되는 걸까?

　이러한 여러 설들 가운데 시사하는 바가 가장 큰 것은 엘리엇 박사팀이 실시한 또 하나의 실험입니다. IQ 테스트를 할 때 '쉬운 문제'와 '어려운 문제'를 준비한 뒤 둘 중 하나를 선택하도록 한 것입니다. 그랬더니 빨간색 표지를 선택했던 그룹에서는 쉬운 문제를 고르는 사람이 많았습니다. 러셀 힐 박사팀은 '빨간색이 무의식중에 상대를 위협하여 자신이 우위에 서도록 만드는 것이 아닐까?'라고 추측했습니다. 그렇게 생각하면 복싱 경기의 승패 결과도 납득이 됩니다. 왜냐하면 빨간색 보호대를 착용하고 빨간색 글러브를 꼈을 때 빨간색을 더 많이 보는 쪽은 본인이 아니라 상대이기 때문이지요.

따라서 빨간색은 '힘이 넘치는 행운의 색'이 아니라, 상대를 정신적으로 압박해 상대적 우위를 차지하는 '간사한 색'인 것입니다. 공부방에는 절대 붉은 계열의 커튼을 달면 안 된다는 말을 종종 듣는데, 그런 경험칙도 아예 근거가 없는 낭설은 아닌 듯하네요.

하지만 최근에 빨간색을 무조건 나쁘게 보면 안 된다는 연구 결과도 나왔습니다. 브리티시컬럼비아대학교[UBC]의 루이 줄리엣 주[Rui Juliet Zhu] 박사팀이 실시한 연구입니다. 실험에 의하면, 문장의 오류를 찾거나 설명서의 중요사항을 기억할 때는 오히려 빨간색이 더 효과적이었다고 합니다.

연구팀은 빨간색이 심리적으로 회피하려는 경향을 낳고 경계심을 높이는 반면에, 파란색은 적극적이고 호전적인 경향을 낳는다고 말했습니다. 따라서 고도의 집중력이 요구되는 경우에서는 빨간색이 효과적이고, 새로운 디자인을 생각해 내거나 브레인스토밍을 하거나 창의성이 요구되는 경우에는 파란색이 효과적이라고 볼 수 있지요.

음치일수록
공간지각능력이 떨어진다

· 소리에 예민한 뇌 ·

청각신경회로에 관한 예전 문헌들을 살펴보는데 흥미로운 구절이 눈에 들어왔습니다. '대부분의 일본인이 R과 L 발음을 구별하지 못하는 것은 좋은 예이다'라는 논설입니다. 일본인을 대상으로 쓴 것도 아니고 저자도 일본인이 아닙니다. 일본인이 R과 L 발음을 잘 못한다는 것이 이렇게 '일반적인 예시'로 꼽힐 만큼 전 세계적으로 알려졌나 봅니다.

그런데 일본인은 왜 R과 L 발음을 잘 구분하지 못하는 것일까요? 그 이유는 단순합니다. 일본어에 R과 L에 해당하는 발음이

없기 때문이지요. 다시 말해, 일상생활 속에서 R과 L을 구별할 필요가 없으니 구별 능력이 점점 퇴화되다 결국 일본어의 'ら행(라, 리, 루, 레, 로)'에 동화되고 만 것입니다. 이처럼 외국어에만 있는 음운이 모국어 발음에 동화되는, 즉 모국어 발음과 비슷하다고 판단하는 효과를 인지적 자석 효과perceptual magnet effect라고 합니다. 뇌활동을 측정한 결과에서도 외국어보다 모국어 음원에 뇌가 강하게 반응한다는 점에서 인지적 자석 효과를 확인할 수 있습니다.

신생아는 모국어와 외국어를 구분한다

그렇다면 인지적 자석 효과는 인간의 성장과정 중 언제쯤 나타날까요?

다음과 같은 실험 결과가 있습니다. 생후 6개월 된 유아 앞에 모국어가 흘러나오는 스피커와 외국어가 흘러나오는 스피커를 둡니다. 그러면 유아는 모국어가 나오는 스피커를 쳐다봅니다. 겨우 6개월밖에 되지 않았는데 모국어와 외국어를 구분하고 모국어에 흥미를 보이는 것입니다.

이러한 식별 능력은 음성에 대한 반응에서만 나타나는 것이 아닙니다. 예를 들어, 우리는 음성이 없더라도 얼굴 표정이나 입모양만으로도 모국어인지 아닌지를 판별할 수 있습니다. 실험에 따르면, 4개월 된 유아도 모국어를 말하는 사람의 얼굴을 더 오래 쳐다본다고 합니다.

최근 더욱 놀랄 만한 실험이 있었습니다. 생후 2~5일밖에 되지 않은 신생아의 뇌를 검사했는데, 이미 모국어와 외국어를 들었을 때 좌뇌가 보인 반응이 달랐다고 합니다. 자궁 안은 심장소리와 혈류 소리 등으로 인해 매우 시끄럽기 때문에 바깥 소리가 태아에게까지 들리지는 않을 것이란 주장도 있지만, 태어난 다음 날 이미 모국어를 구분한다는 건 역시 태어나기 전 엄마 배 속에서 계속 모국어를 들었기 때문이라고 봐야 되겠지요.

아무튼 일본에서 태어난 아이들은 성장하면서 점점 R과 L 발음을 구별하지 못하고, 끝내 판별능력을 거의 잃고 맙니다. 이를 뒤집어 말하면, 성인이 된 후에는 영어 발음을 완벽하게 습득하기가 어렵다는 뜻이 되겠지요.

신기할 정도로 잘 통하는 일본식 영어

실제로 9살 이후에 미국으로 건너가면, 아무리 영어만 쓰는 환경에서 30년을 살더라도 일본어 특유의 억양이 사라지지 않는다고 말하는 언어학자도 있습니다. 아무리 노력해도 진정한 의미의 '이중언어자bilingual'는 될 수 없다는 뜻이지요. 하물며 저처럼 13

세에 중학교에서 영어를 처음 접한 사람에게는 정확한 발음을 기대하기 힘듭니다. 아무리 해도 일본식 영어 발음을 벗어날 수가 없더라고요.

그런데 일본식 발음이 생각보다 잘 통합니다. 알파벳 표기대로가 아니라 들리는 발음에 맞추어 그에 맞는 일본어(가타카나)로 표기하는 방법을 연구하면 의외로 잘 통하더라고요. 자세히 설명하자니 이 책의 전체적 흐름에서 다소 벗어나는 것 같아 간단히 설명하고 넘어가겠습니다. 예를 들어 animal은 [アニマル(아니마루)]가 아니라 [エネモウ(에네모우)]라고 발음하고, hospital은 [ホスピタル(호스피타루)]가 아니라 [ハスペロウ(하스페로우)]라고 발음하면 잘 통합니다.

괜히 미국식으로 발음을 굴려 말할 필요는 없습니다. 약간 강세를 주어 가타카나 발음 그대로 읽으면 잘 통하더라고요. 마찬가지로 'Can I have…'는 [ケナヤブ(케나야부)], 'Do you mind if I…'는 [ジュマインデファイ(쥬마인데화이)], 'I want you to…'는 [アイワニュル(아이와뉴루)]라 발음합니다.

물론 완벽한 영어라고 할 수는 없겠지요. 하지만 '좀 더 잘 통한다'는 의미에서는 훨씬 실용적입니다. 이렇게 들리는 발음대로 가타카나를 붙이는 데에는 나름의 법칙이 있는데, 영어를 잘 못했던 제겐 이 방법이 정말 큰 도움이 되었답니다.

음치는 공간지각능력이 떨어진다?

저는 클래식 음악을 좋아합니다. 악기 연주나 노래는 젬병이라 늘 감상만 하고 있지만요. 그래도 음악, 그중에서도 연주나 음감에 대한 뇌과학 논문이 발표되면 궁금해서 꼭 찾아 읽어 봅니다. 그러다 '음치'에 관한 재미있는 논문을 발견했습니다. 오타고 대학교의 데이비드 빌키^{David K. Bilkey} 박사팀이 작성한 논문입니다.

인구의 4%는 음치인데, 음치는 비교적 흔히 볼 수 있는 '증상'이라 해도 무방합니다. 유전적인 영향이 강해 어릴 때부터 멜로디와 음정을 잘 판단하지 못하는데, 대개 그 증상이 평생 지속됩니다. 음치는 감각기관의 기능에 문제가 있는 것이 아닙니다. 귀는 정상적으로 기능하고 있으며, 뇌를 검사해 봐도 대뇌피질의 '청각영역'에 딱히 이상은 없습니다. 즉, 소리 자체는 뇌 안에서 정상적으로 처리되고 있다는 뜻이지요.

실제로 음치도 대화를 할 때 어미의 음정을 미세하게 조정해 '벌써 끝났어(평서문)'와 '벌써 끝났어?(의문문)'의 미묘한 차이를 구분하여 말할 수 있습니다. 그러므로 같은 발성이어도 노래와 언어는 전혀 다른 능력을 활용한다는 사실을 알 수 있지요.

대체 뇌의 무엇이 달라서일까요? 빌키 박사팀의 연구 결과에 따르면, 의외로 음치는 공간지각능력이 떨어진다고 합니다.

이는 간단한 테스트로 확인할 수 있습니다. 입체도형을 머릿

속에서 빙글빙글 회전시키는 테스트입니다. 모니터에 표시되는 물체를 입체적으로 회전시켜, 그 도형이 어떤 도형과 일치하는지를 맞히는 것입니다. 그 결과, 음치의 정답률은 음치가 아닌 사람의 절반 이하라는 사실을 알 수 있었습니다.

참 이상하지요? 음감과 공간지각능력이 대체 무슨 관계가 있어서 그런 걸까요? 현재로서는 수수께끼 같다고밖에 말할 수 없는데, 런던대학교의 브라이언 버터워스^{Brian Butterworth} 박사팀이 '원래 음계는 공간으로 표현되는 것'이라는 지적을 내놓았습니다. 오선지에서는 음표가 위쪽에 그려져 있을수록 고음이고, 건반에서는 오른쪽으로 갈수록 고음이지요. 연구팀은 "수학적 지각과 음악적 지각은 모두 연주 운동에 관여하는 공간적 표상을 공유한다"라고 말합니다. 어쩌면 멜로디의 음정 구조와 입체도형은 동일한 뇌 회로에서 처리되고 있는지도 모릅니다.

그러면 남녀 간에는 차이가 있을까요? 조심스럽게 진행된 대규모 조사에 의하면, 일반적으로 남성이 여성보다 공간지각능력이 뛰어나다고 합니다. 앞에서 공간지각능력과 음감이 서로 관련이 있다고 했으니, 남성보다 여성 중에 음치가 더 많다고 봐도 되는 것일까요? 연구팀의 논문에 따르면, 검사 수가 적어 명확히 단정 지어 말할 수는 없지만 음치라고 판정된 사람 중 절반 이상이 여성이었다고 합니다. 저는 음악 교육 현장에 대해선 문외한이라 이 사실을 접하고 정말 깜짝 놀랐습니다.

오케스트라 단원들의 공간지각능력

저는 '음악 훈련을 받으면 과연 공간지각능력이 향상될지'가 궁금해졌습니다. 그리고 반대로 '음치는 고칠 수 있을까?'라는 의문이 들었습니다. 리버풀대학교의 바네사 슬러밍Vanessa Sluming 박사 팀에 의하면, 오케스트라 단원들은 공간지각능력이 뛰어나다고 합니다. 일반인들은 입체도형의 회전각이 커지면 이미지를 떠올리기까지 시간이 꽤 걸렸는데, 오케스트라 단원들은 순식간에 입체적 이미지를 떠올렸지요.

● 입체도형을 머릿속에서 빙글빙글 회전시키면……

음악과 함께한 세월이 긴 사람일수록 결과가 좋았다고 하니, '어쩌면 공간지각능력과 음정감각은 훈련을 통해 키울 수 있지 않을까?'라는 기대마저 생깁니다. 인류의 여흥을 담당하던 음악이 언젠가는 그 틀에서 벗어나 두뇌 트레이닝의 일환으로 활용되는 시대가 올지도 모르겠네요. 물론 음감이 원래 뛰어났기에 그만큼 오랫동안 음악을 하며 살 수 있었을 가능성도 있지만요.

나라는 존재를
타인처럼 바라보는 법

• 유체이탈과 뇌 •

생명윤리를 뒤흔드는 충격적인 실험이 이루어졌습니다. 아니, 이루어지고 말았다고 하는 편이 맞겠지요. 미국 크레이그벤터연구소의 크레이그 벤터[Craig Venter] 박사팀의 연구 결과로 인공 생명체가 탄생한 것입니다.

만들어진 생명체는 마이코플라스마[mycoplasma]라는 세균입니다. 마이코플라스마는 폐렴을 일으키는 병원균으로 많이 알려져 있는데, 생명과학계에서는 게놈의 전체 DNA 배열이 해독된 세계 최초의 생명체 중 하나로 유명합니다. 그런데 벤터 박사팀이 그

어려운 해독에 성공했습니다.

연구팀이 다음으로 착수한 실험은 해독한 DNA배열을 가지고 시험관 안에서 완전한 게놈을 화학적으로 합성하는 것이었습니다. 고도의 과학기술을 사용한 결과 이 시도는 멋지게 성공했지요. 그리고 이 인공 DNA를 다른 종의 세균의 DNA와 치환했더니, 그 세균이 마이코플라스마로 변신했습니다. 이 인공 생명체는 정상적인 신진대사를 보이고 분열과 증식도 하는 '완전한 생명체'였습니다.

생물이라고 하면 보통 부모도 있고 자식도 있습니다. 그렇다면 이 세균의 선조는 '누구'일까요? 그뿐만이 아닙니다. 벤터 박사팀은 유전자 복제 오류까지 의도적으로 이용해 변이 마이코플라스마를 만들어냈습니다. 이것은 유전질환, 즉 '병든' 마이코플라스마라 불러야 할까요? 아니면 새로운 이형 생물종일까요?

기존의 생명관이 무너지는 모습에 어질어질합니다. 신을 두려워하지 않는 실험을 보면서, 과학자들의 끝 모를 호기심이 과연 어디까지 나아갈지 궁금할 따름입니다.

'신'을 느끼는 뇌 회로를 자극하면 어떻게 될까?

드디어 '신神'이라는 단어가 등장했습니다. 신의 존재와 모습에 관한 논의는 예전부터 있었지요.

그리스신이나 예수그리스도처럼 인간과 동물의 모습으로 묘사되는 신(또는 신의 자녀)이 있는가 하면, 유대교와 이슬람교처럼 우상 숭배를 금하는 종교도 적지 않습니다.

젊은 이공계 연구자들 중에는 신의 존재를 믿지 않는 사람이 많다고 합니다. 이렇게 말하는 저 역시 신을 부정하진 않지만 특별히 강한 종교관을 갖고 있진 않습니다. 하지만 인간이 있는 곳에는 어디든 종교가 존재한다는 인류의 역사를 생각하면 인간이 신이란 존재에 대한 친화성을 본능적으로 가지고 있는 것, 다시 말해 신을 느끼는 뇌 회로를 선천적으로 가지고 태어났음은 쉬이 상상할 수 있습니다. 그렇다면 그 '신'을 느끼는 뇌 회로를 자극하면 무슨 일이 벌어질까요?

그와 관련된 연구가 최근 20년 동안 실제로 이루어졌습니다. 물론 비판도 많았지만 누가 뭐래도 진지하게 이루어진 실험이었습니다. 그중에서도 로렌시안대학교의 마이클 퍼싱어^{Michael A.} ^{Persinger} 박사팀이 실시한 일련의 연구들이 유명합니다.

퍼싱어 박사팀의 방법은 단순명쾌합니다. 관자놀이 약간 뒤쪽, 즉 뇌의 측두엽에 해당하는 부분에 자기자극을 주면 존재할 리 없는 것을 생생하게 느낀다고 합니다.

퍼싱어 박사팀은 900명이 넘는 사람들의 '측두엽'을 자극해보았는데, 약 40%의 사람들이 무언가 지각체험을 했다고 답했습니다. 단, 무엇을 느끼는지는 사람마다 달랐습니다. 일반적으로는 예수그리스도나 성모마리아나 무함마드였는데, 가끔 조부의 망령이 보였다는 사람도 있었지요. UFO를 믿는 무신론자인 경우에는 외계인에게 납치되는 기묘한 착각을 경험했다는 기록도 남아 있습니다.

신기하게도 관자놀이는 영어로 'temple', 즉 '신성한 전당'이라는 의미입니다. 우연치고는 상당히 재미있는 이름이지요.

그런데 우리는 대체 왜 신을 느끼는 뇌 회로를 갖고 태어날까요? 그 편이 생존에 유리하기라도 한 것일까요? 옥스퍼드 주교를 역임했던 리처드 해리스Richard Douglas Harries는 이 의문에 대해 "신이 인류를 창조했으니 신을 믿는 마음을 인간의 뇌에 심어 놓는 것은 당연하지 않은가"라고 답했습니다.

● 존재할 리 없는 것을 생생하게 느끼는 이유

'신이 마음을 만들었는가, 마음이 신을 만들었는가?'는 과학의 한계를 벗어난 물음입니다.

신을 과학으로 해부하는 것은 모독일까?

그런데 뇌에 자기자극을 주지 않아도 신의 존재를 느끼는 사람들은 예전부터 있었습니다. 대표적인 예가 간질 환자이지요.

구마모토대학교의 오가타 아키라緒方明 박사팀의 연구에 따르면, 간질 환자 중 1.3%가 발작이 일어난 상태에서 신비한 체험을 한다고 합니다. 그런 환자들의 발작 원인이 모두 측두엽이라는 점도 퍼싱어 박사팀의 뇌 자극 실험과 공통적입니다.

간질 환자의 종교적 체험은 세계 각국에서 확인된 바 있는데, 오가타 박사팀은 특히 종교 의식이 강하지 않은 일본의 환자도 종교적 체험을 했다는 사실을 강조했습니다. 즉, 교육이나 환경 등에 의해 종교적 체험을 하는 것이 아니라, 태어나면서부터 종교 회로가 뇌에 존재할 가능성이 높다는 것입니다.

측두엽 간질 발작을 직접 목격한 분은 아실 테지만, 발작 증상은 보기에도 엄청 충격적입니다. 처음 보면 누구든 놀랄 것입니다. 현대에 와서는 간질 발작이 뉴런의 과잉활동 때문에 유발된다는 사실이 밝혀졌지만, 의학이 그리 발달하지 못했던 고대 사람들 눈엔 어떻게 보였을까요? 신이나 악령에게 영혼을 뺏겼다고 생각하지 않았을까요? 게다가 발작이 멈추고 나면 신을 봤다는 둥 신의 계시를 들었다는 둥 해괴한 말까지 합니다. 그래서인지 원시 종교에서는 간질 환자가 교주가 된 경우도 적지 않았습니다.

과학과 종교의 관계는 참 재미있습니다. 신을 과학으로 해부하는 것은 신에 대한 모독일까요? 과학이란 메스로 '신'을 느끼는 뇌 회로를 해부하면 인간의 마음에서 신성한 영역이 사라질까요?

저는 오히려 인간이란 존재가 좀 더 사랑스럽게 느껴지지 않을까 싶습니다. 신앙이 깊은 사람일수록 건강하게 오래 산다는 역학적 데이터도 있고, 종교심이 깊어지도록 지도하면 부정행위가 줄고 타인에게 친절해진다는 실험 결과도 존재합니다.

그래서 신의 뇌 연구는 절대 신에 대한 모독 따위가 아니라 우리의 건강한 생활과 직결되는 것이라 믿습니다. 실제로 서구 과학은 종교에 뿌리를 두고 있습니다. 과학은 유대교와 기독교에서 말하는 '신이 창조한 이 세계'가 얼마나 정교하게 만들어졌는지 알고 싶은 사람들의 간절한 바람을 원동력으로 하여 진보해 왔으니까요.

한편으로 '종교심이 강한 사람은 자기중심적이다'라고 주장하는 연구도 있습니다. 기독교 국가인 미국의 니콜라스 에플리

Nicholas Epley 박사팀이 쓴 논문이라는 점이 재미있지요. 에플리 박사팀에 의하면 '신의 뜻'은 신의 의도가 아니라, 실은 본인도 자각하지 못하는 '본인의 개인적인 열망'이 반영된 것이라고 합니다. 신의 뜻이라고 말하며 자신의 뜻을 관철시키는 것입니다. '호랑이 없는 골에 여우가 왕 노릇 한다'고 하더니 정말 그런 것 같네요.

최면에 잘 걸리는 사람과 절대 안 걸리는 사람

너무 무거운 이야기만 한 것 같으니, 지금부터는 종교 이야기에서 벗어나 조금 신비로운 이야기를 해 볼까요?

흐릿한 조명 아래, 눈앞에서 천천히 흔들리는 추. 어디선가 목소리가 들려옵니다. "자, 당신은 고양이가 됩니다. 그리고 주인님에게 먹이를 달라고 조릅니다."

텔레비전 등에서 종종 볼 수 있는 최면술 장면입니다. 쇼이거나 일종의 오락적 요소로 소개되는 경우가 많아서인지, 최면술에는 '사이비과학'이란 이미지가 늘 꼬리표처럼 따라다닙니다.

물론 최면은 마법도 아니고 마술도 아닙니다. 뇌에서 실제로 일어나는 현상이지요. 아마도 유사 이래 전 세계 모든 민족 사이에서 보편적으로 알려진, 혹은 적극적으로 활용되고 있는 현상일 것입니다.

하지만 누구나 최면에 잘 걸리는 것은 아닙니다. 스탠포드대학교의 데이비드 슈피겔David Spiegel 박사가 말하길, 최면에 잘 걸리는 사람은 전체의 10%를 약간 넘고, 20%는 전혀 최면이 먹히지 않으며, 나머지 70%는 최면술사의 실력에 따라 달라진다고 합니다. 최면에 잘 걸리는지 여부는 연령에 따라서도 다릅니다. 12세 이하는 80% 이상이 최면에 걸린다고 합니다. 아이들은 전두엽의 활동이 미약해 감수성이 높은 편이거든요.

간단한 테스트를 하나 소개하겠습니다. 다음의 글자가 무슨 색으로 쓰여 있는지를 말해 보세요. '검은색, **회색**, 흰색'. 어떤가요? '회색, 흰색, 검은색'이라 읽어야 정답인데, 글자가 자꾸 눈에 들어오니 헷갈리지 않나요? 이를 '스트룹 효과stroop effect'라고 합니다. 글자의 의미와 색깔이 일치하지 않을 때 글자를 읽는 것보다 색깔을 말하는 게 더 힘든 현상을 말합니다.

그런데 흥미롭게도 최면 상태에서는 스트룹 효과가 사라집니다. 이 사실을 코넬대학교의 아미르 라즈Amir Raz 박사팀이 밝혀냈습니다. 이때 전두엽의 '대상회'라는 뇌 부위의 활동도 억제된다는 사실이 밝혀졌지요. 대상회는 '모순'을 찾아내는 부위이므로, 대상회의 활동이 억제되면 글자와 글자색의 모순을 알아차리지 못합니다. 즉, 최면이란 주의력이 떨어져 '상황이 불일치하거나 부자연스럽다는 사실을 알아차리지 못하는 상태'라고도 해석할 수 있습니다.

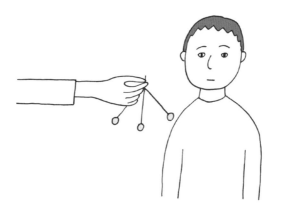

● 최면에 잘 걸리는 사람은 10%, 절대 안 걸리는 사람은 20%,
나머지 70%는 최면술사의 실력에 따라 달라진다

최면은 흔히 말하는
인위적 치매에 해당한다

최면 연구는 임상현장에서 생각보다 많은 기대를 받고 있습니다. 최면의 특징 중에 '건망'이 있기 때문이지요.

최면에 걸린 사람은 무언가를 떠올리는 '상기력^{想起力}'이 떨어집니다. 하지만 전혀 떠올리지 못하는 것은 아닙니다. 예를 들어, 최면 중에 본 영화의 내용은 기억을 못 해도 영화를 본 상황은 떠올릴 수 있다고 합니다.

너무 신기한 정신 상태인데, 신경생물학자인 야딘 두다이[Yadin Dudai] 박사팀은 '이 해리성 건망증은 노인성 치매와 비슷하다'고 지적합니다. 즉, 최면은 인위적 치매인 셈이지요.

치매 연구의 문제점 중 하나는 연구에 엄청나게 긴 시간이 소요된다는 것입니다. 인간은 수십 년 동안 서서히 치매에 걸립니다. 실험자는 긴 세월을 기다릴 각오를 해야죠. 그런데 최면술은 순식간에 유사 치매 상태에 빠지게 할 수 있습니다.

두다이 박사팀은 최면 후 건망 증세를 이용해 그때의 뇌 상태를 자세히 검사한 결과를 보고했습니다. 최면 연구가 삶에 도움이 되는 형태로 응용되기 시작했다는 점은 기뻐할 일입니다. 그러나 최면 연구자들은 입을 모아 이렇게 말합니다. "여전히 세상에는 최면에 대한 오해와 편견이 뿌리 깊게 남아 있으며, 이것이 최면과학의 발달을 막고 있다."

'최면을 걸다'는 영어로 'mesmerize'입니다. 최면술의 창시자로 불리는 독일의 의사 프란츠 안톤 메스머[Franz Anton Mesmer]의 이름에서 유래한 동사이지요. 메스머는 말년에 신뢰를 잃고 명성이 추락했습니다. 그런데 200년이 넘게 지났음에도 최면을 둘러싼 상황은 그다지 달라진 것이 없는 듯하네요.

이어서 뇌가 '나'라는 존재를 어떻게 생각하는지 알아보는 실험을 살펴보겠습니다.

가족여행, 고등학교 졸업식, 결혼식 피로연 등 앨범을 펼치면 다양한 추억들이 되살아납니다. 실제 얼굴이 아닌 사진이라는 종잇조각에 찍힌 '평면' 얼굴을 보고서도 우리는 그 사람이 누구인지 식별할 수 있는데, 생각해 보면 이것은 상당히 신기한 뇌 기능입니다. 두 살짜리 아이조차도 거울에 비친 자신의 모습을 인식할 수 있다고 하니, 사람을 구별하는 능력은 성장단계 가운데서도 꽤 이른 시기에 발달하는 듯합니다.

그런데 캘리포니아대학교의 루시나 우딘Lucina Q. Uddin 박사팀이 수행한 실험에 따르면, 경두개자기자극술TMS을 이용해 우측 '두정엽' 아래쪽을 마비시키면 사진 속 얼굴이 자신인지 타인인지 구별하지 못한다고 합니다. 두정엽이 시공간을 인식하는 데에 중요한 뇌 부위로 알려져 있다는 점을 고려하면, '나'라는 존재는 뇌 안의 시공간 속에서 창작되는 것이라 추측할 수 있습니다.

유체이탈과 관련된 뇌 회로

나와 타인의 관계성은 예로부터 빈번히 논의된 문제입니다. 최근에 신경생리학자가 최첨단 기술을 사용해 이 철학적 난제에 도전했습니다. 스위스 제네바대학병원의 올라프 블랑케Olaf Blanke 박사팀이 발견한 흥미로운 사실 두 가지를 소개하고자 합니다.

블랑케 박사팀은 의식이 있는 상태에서 두개골을 열어 드러난 뇌에 전극을 삽입해 자극하는 고도의 실험을 실시했는데요. 우선 2006년 논문부터 볼까요? 이 논문에서 블랑케 박사팀은 좌측의 측두-두정 접합부를 자극했습니다. 자극을 받은 피험자는 방에 누군가가 있는 듯한 인기척을 느꼈습니다. 바로 등 뒤에 그 존재가 있다고 느낀 것입니다. 누구나 경험해 본 적이 있을 텐데, 어둠 속에서 느끼는 오싹한 공포감과 비슷한 불쾌한 감각이라고 합니다.

블랑케 박사팀은 이 현상에 대해 더 깊이 조사하였고, 그 '누군가'가 바로 자극을 받은 당사자라는 사실을 확인했습니다. 정신은 그대로 있는데 몸이 등 뒤로 순간이동을 한 것이라고 말입니다. 단, 본인은 이 사실을 모릅니다. 그래서 내가 아닌 '누군가'가 있다는 느낌을 받는 것입니다. 게다가 그 '타인'이 자신을 위협한다고 느끼는 점이 조현병의 강박 증세와도 유사합니다. 매우 흥미롭지요.

블랑케 박사팀은 이 발견이 있기 4년 전에, 깜짝 놀랄 만한 사실을 발표했습니다. 우측 두정엽의 '각회'라 불리는 부위를 자극하자 피험자의 의식이 2미터 정도 붕 떠올라 천장 부근에서 '침대에 누워 있는 자신'을 부분적으로 보았다고 말한 것입니다. 정신과 육체가 분리되어 타인의 시점에서 자신을 관찰한 것입니다. 이것이 흔히 말하는 유체이탈입니다.

유체이탈은 건강한 사람 중에도 30% 정도가 경험한다고 합니다. 그런데 보통 1년에 한두 번 경험하는 정도라 과학의 대상으로 삼기가 어려웠습니다. 그래서인지 유체이탈은 뭔가 미신적이고 초자연적인 것이란 이미지가 있는 듯합니다. 그런데 블랑케 박사팀의 자극 실험에서는 매번 유체이탈이 일어나니 과학적 의의가 크다고 할 수 있겠지요.

믿기지 않겠지만, 사실 유체이탈과 비슷한 현상은 일상생활 속에서도 자주 나타납니다. 예를 들어, 뛰어난 축구선수 중에는 경기 도중에 상공에서 내려다보듯 필드 전체가 보여 어디로 패스해야 효과적일지 그 경로가 한눈에 보인다는 사람이 있습니다. 이러한 조감력은 블랑케 박사팀이 실험적으로 끌어 낸 유체이탈 현상과 비슷합니다.

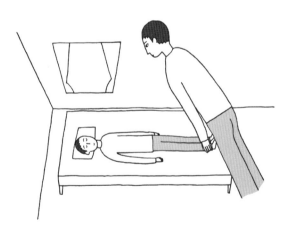

● 유체이탈은 조감력과 비슷하다?

나아가 자신을 객관적으로 평가하고 자신의 행동을 되돌아보는 '반성'도 타인의 시점에서 자신을 바라보아야 가능합니다. 제3자의 시각으로 자신을 바라보는 능력이 있기에 우리는 사회적으로 성장할 수 있는 것입니다.

유체이탈과 관련된 뇌 회로는 조감력을 위해 존재하는 것일지도 모릅니다. 주관과 객관, 그 사이에서 미묘한 균형을 유지하며 '나란 존재는 무엇일까'를 생각할 때, 두정엽은 특히나 중요한 뇌 부위입니다.

딴짓 실컷 하면서도
성과 좋은 사람 특징

· 기억과 뇌 ·

인간은 인생의 약 30%를 자면서 보낸다고 합니다. 과하다 싶을 만큼 방대한 시간을 수면에 사용하고 있는 셈이지요. 수면이라는 이 불가사의한 뇌 현상에 뇌과학자들이 매력을 느끼는 이유를 알 것 같지 않나요?

수면시간은 사람마다 다릅니다. 일일 수면시간이 5시간도 되지 않는 쇼트 슬리퍼short sleeper가 있는가 하면 9시간이 넘는 롱 슬리퍼long sleeper도 있습니다.

부지런한 것을 미덕으로 생각하는 사회에서 "저는 롱 슬리퍼입니다"라고 고백하려면 용기가 필요합니다. 예를 들어, 상사가 수면시간을 줄여 일한다고 말하는데, 자신은 매일 10시간씩 잔다고 말하기에는 눈치가 보이겠죠. 그런 사회적 시선이 신경 쓰여서인지, 한창 일할 나이의 사람들은 수면시간을 일부러 줄여서 얘기하는 경향이 있습니다.

● '롱 슬리퍼'와 '쇼트 슬리퍼'

그러나 저는 수면이 이런 식으로 인식되면 안 된다고 생각합니다. 수면시간이 짧은 것은 자랑이 아닐뿐더러, 면죄부가 될 수도 없으니까요. 이유는 두 가지입니다.

첫째, 수면은 우리 몸에 꼭 필요한 생물학적 프로세스입니다. 수면(혹은 그에 준하는 진정 상태)을 취하지 않는 동물은 세상에 없단 사실이 바로 그 증거이지요. 실제로 잠을 한숨도 못 자면 사망에 이를 수 있으며, 조금이라도 수면이 부족하면 학습능력과 인지기능이 저하됩니다. 수면은 단순한 휴식이 아닙니다. 업무에 필적하는, 아니 그 이상으로 중요한 행위입니다. 자신이 쇼트 슬리퍼임을 강조하는 행위는 영양실조나 거식증임을 자랑하는 것과 다를 바가 없으므로 전혀 건전하지 않습니다.

둘째, 쇼트 슬리퍼와 롱 슬리퍼는 유전적인 영향이 꽤 큽니다. 실제로 쇼트 슬리퍼로 알려진 가계가 몇 있는데, 인구의 5% 정도가 쇼트 슬리퍼로 추정됩니다. 물론 생활습관이나 사회규범 등의 영향도 있어 정확한 수치는 알 수 없습니다.

그러므로 "난 롱 슬리퍼가 아니라 쇼트 슬리퍼야"라고 자랑하는 것은 "난 백인이 아니라 흑인이야", "내 혈액형은 B형이 아니라 A형이야"라고 자랑하는 것과 비슷합니다. 이런 것은 자랑거리가 아니라 그냥 '사실'이지요.

쇼트 슬리퍼 유전자

현재 몇 개의 쇼트 슬리퍼 유전자가 발견되었는데, 그중에서도 캘리포니아대학교의 푸잉후이傅熒惠 박사팀이 발견한 DEC2 유전자가 유명합니다.

푸잉후이 박사팀은 쇼트 슬리퍼 가계에서 원인 유전자를 추적하여 DEC2를 찾아냈습니다. DEC2는 482개의 아미노산이 연속적으로 이어진 단백질인데, 쇼트 슬리퍼 가족들은 385번째 아미노산이 보통의 아미노산과 달랐습니다.

연구팀은 이 쇼트 슬리퍼의 변이 DEC2 유전자를 쥐에게 주입했고, 그 결과 쥐의 하루 활동시간이 2.5시간이나 늘어났음을 확인했습니다. 심지어 파리에게 주입했을 때도 비슷한 현상이 관찰되었습니다. 아무래도 변이 DEC2의 효과는 동물의 종과 상관없이 보편적으로 나타나는 모양입니다.

푸잉후이 박사팀의 발견에서 주의할 점은 DEC2가 쇼트 슬리퍼인지 아닌지를 결정하는 절대적인 유전자가 아니라는 것입니다. 연구팀이 발견한 유전자 변이는 60분의 1 확률로 나타났습니다. 이 외에 또 다른 관련 유전자가 존재하는 것이 틀림없습니다.

빈둥거리는 시간을 가져라

이어서 수면의 효과에 대해 살펴보겠습니다. 먼저 번뜩이는 아이디어를 내거나 창의적인 발상을 하기 위한 '왕도'가 있다는 것 아셨나요? 심리학자 그레이엄 월러스[Graham Wallas]에 의하면 그 왕도는 4단계로 이루어진다고 합니다.

1. 문제를 맞닥뜨린다.

2. 문제를 방치하기로 결정한다.

3. 휴지기를 갖는다.

4. 해결책이 문득 떠오른다.

특히 3단계가 중요합니다. 이는 게으른 사람처럼 빈둥거리는 행위입니다. 당면한 문제를 방치하는 것은 용기가 필요한 행동인데, 창의적 아이디어를 내려면 그에 상응하는 숙성기간이 꼭 필요합니다. 아이디어가 필요한 업무를 잘 처리하려면 충분한 여유를 갖고 임할 필요가 있다는 뜻이지요.

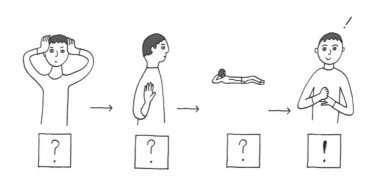

● 창의적 발상을 위한 '왕도' 4단계

예를 들어, 마감일이 아직 많이 남았다며 서류를 열어 보지도 않고 그대로 두기보다 일단 한 번 쓱 훑어 본 뒤에 두는 편이 나중에 좋은 아이디어가 떠오를 확률이 높다고 합니다. 저 역시 그렇게 하고 있습니다.

그런데 숙성기간이 왜 필요할까요? 캘리포니아대학교의 샤르노프 메드닉^{Sarnoff D. Mednick} 박사팀의 연구는 시사하는 바가 큽니다. 메드닉 박사팀은 77명을 대상으로 RAT 테스트를 실시했습니다. RAT 테스트란 주어진 세 개의 단어와 공통점이 있는 단어를 찾는 테스트입니다. 예를 들어, '흑백, 중국, 대나무'란 단어가 나오면 '판다'라고 답하는 것입니다.

문제를 풀 수 있는 시간은 일부러 넉넉히 주었는데, 계속 깨어 있던 사람보다 잠을 잔 사람의 성적이 더 좋았습니다.

흥미로운 점은 많이 잔다고 좋은 것이 아니라, '렘수면'이라 불리는 얕은 잠을 많이 자는 사람일수록 성적이 높았다는 것입니다. 이미 설명했듯이 수면은 생명 유지에 매우 중요한 생리현상이지만, 무조건 자기만 한다고 되는 것이 아닙니다. 수면은 질이 중요합니다.

기억의 골든타임은 잠들기 전이다

잠들어 있는 동안에 우리 몸은 휴식을 취하고 있습니다 그러나 뇌 활동을 기록하니 뉴런은 거의 풀가동하고 있었죠. 즉, 뇌는 우리가 잠든 동안에도 쉬지 않는다는 것입니다.

자는 동안 우리 뇌가 어떠한 일을 하는가에 대해서는 아직 밝혀지지 않은 부분이 많아 정확히 설명하기가 힘듭니다. 하지만 수면의 역할 중 적어도 하나는 '기억의 정리 및 고정화'라 말할 수 있습니다.

실제로 수면이 기억을 공고히 한다는 것을 보여 주는 실험 결과는 많습니다. 바로 학습 직후보다 일정 시간이 경과한 후에 더 많이 기억나는 '레미니선스^{reminiscence}' 현상입니다. 시카고대학교의 티모시 브론^{Timothy P. Brawn} 박사팀이 진행한 연구도 그러한 수면의 효과를 뒷받침합니다.

브론 박사팀은 207명의 대학생을 모아 비디오게임의 성적을 측정했습니다. 가상공간 속에서 적을 최대한 많이 찾아내 쓰러뜨리는 전투 게임입니다.

가상공간 속에서 살아남으려면 자신의 목숨을 노리는 적을 먼저 공격해야만 합니다. 왼손으로는 키보드 방향키를 눌러 이동하고, 오른손으로는 마우스로 목표물을 클릭해 발사합니다. 그런 게임을 아침 9시에 60분간 하도록 하는 것입니다.

그리고 12시간 후인 밤 9시에 다시 게임을 하게 합니다. 그러면 평균 점수는 거의 50%로 떨어집니다. 한 차례의 연습 후 공백기를 가졌을 때 성적이 떨어지는 현상은 일상적으로도 흔히 경험하는 일입니다.

그런데 그 후 약 7시간 잠을 자게 한 뒤 다음 날 아침 9시에 다시 게임을 시키면, 전날 연습 직후 수준까지 성적이 회복된다는 사실을 알 수 있습니다. 이것이 수면에 의한 레미니선스 효과입니다. 잠을 자면 성적이 향상되는 것입니다.

게다가 흥미로운 사실이 있습니다. 게임 연습을 아침 9시가 아니라 밤 9시에 60분간 하도록 하고 7시간 잠을 자게 한 뒤 다음 날 아침 9시에 다시 게임을 하게 했더니 12시간 공백이 있었던 것은 같지만 성적이 떨어지기는커녕 무려 약 20%가량 상승했습니다. 이것도 레미니선스 현상입니다. 게다가 이렇게 수면에 의해 증강된 능력은 그로부터 12시간 후인 다음 날 밤 9시에 다시 테스트해도 증강된 상태 그대로 유지되었습니다.

결론을 내리기엔 성급할지도 모르지만, 이 실험 결과는 시사하는 바가 매우 큽니다. 왜냐하면 '수면의 효과를 최대한 이용하려면 아침에 잠에서 깬 후가 아니라 잠들기 직전 밤에 공부하는 것이 좋다'고 해석할 수 있으니까요.

사실 저는 취침 전 1~2시간 동안 업무를 봅니다. 미신일지도 모르지만, '기억의 골든타임은 잠들기 전'이라 믿기 때문입니다.

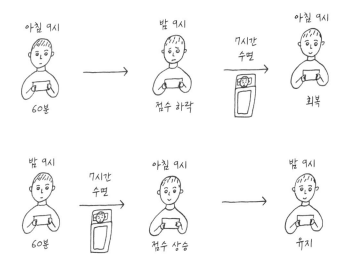

● 수면에 의해 증강된 능력

꾸준한 노력형 vs 요령 있는 벼락치기형

공부 스타일에는 크게 두 가지가 있다고 합니다. '매일 꾸준히 공부하는 타입'과 '엄청난 집중력으로 단번에 승부를 보는 타입'이지요. 즉, '꾸준한 노력형'과 '요령 있는 벼락치기형'으로 나눌 수 있습니다. 전문적으로는 '분산학습distributed learning, DL'과 '집중학습massed learning, ML'이라 합니다.

공부할 때는 분산학습과 집중학습 중 무엇이 더 효과적일까요? 보통은 분산학습 유형이 더 낫다고 봅니다. 이를 뒷받침하는 실험이 뉴욕대학교 릴라 다바치^{Lila Davachi} 박사팀에 의해 이루어졌습니다. 다바치 박사팀은 22세 정도 되는 남녀 16명을 대상으로 단어 쌍을 기억하는 테스트를 진행했습니다.

'물고기−비늘', '별−시계', '종이−껌'과 같은 단어 쌍을 총 150개 외우도록 하는 테스트입니다. 단어 쌍을 외우는 요령은 '구체적인 이미지를 떠올리는' 것입니다. 실험에서는 학습 계획을 바꿔 150개의 단어 쌍을 암기하도록 했습니다. 두 가지 유형의 학습 계획이 있는데, 각각의 방법으로 총 150개를 외우는 것입니다.

첫 번째 학습 계획은 학습량을 2회 분량으로 나누어 이틀 동안 두 번 학습하는 '분산학습' 유형이고, 두 번째 학습 계획은 하루에 두 번 학습하여 하루 만에 끝내는 '집중학습' 유형입니다.

성적은 어땠을까요? 의외로 학습 직후에는 분산학습과 집중학습 모두 약 60점의 점수를 받아 둘 사이에 차이가 없었습니다.

중요한 것은 다음 날 재시험을 친 결과입니다. 집중학습 유형은 성적이 전날보다 3분의 1(약 20점) 수준까지 떨어졌는데, 그에 비해 분산학습 유형은 약 30점을 받아 절반 수준으로 감소하는 데에 그쳤습니다.

즉, 순간도달점에선 집중학습과 분산학습의 차이가 거의 없지만, 망각 속도를 보면 집중학습이 분산학습보다 빠른 것입니다. 결국 학습은 한꺼번에 몰아서 하기보다 적당한 간격을 두고 꾸준히 하는 편이 기억 유지 관점에서 좋다고 할 수 있습니다.

여기서 주의할 점은 분산학습이든 집중학습이든 학습 직후의 성적에는 차이가 없었다는 것입니다. 조금씩 꾸준히 공부하는 타입도 한번에 몰아서 하는 벼락치기 타입도 어쩌면 정기적으로 실시하는 시험에서는 그다지 점수 차가 크지 않을지 모릅니다. 하지만 장기적인 관점에서 본다면, 뇌 회로에 좀 더 강하게 흔적을 남기는 것은 조금씩 꾸준히 공부하는 타입입니다.

총 학습시간이 동일하다면 여러 날로 노력을 분산시키는 편이 정신적으로도 체력적으로도, 그리고 실력적으로도 유리하다는 것입니다. 물론 이는 학습을 하는 도중에 수면을 취하기 때문입니다.

참고로 분산학습은 '하나하나 개별적으로 암기하기보다는 관련성을 기억해서 외우는 연합기억 방식을 택할 때 더 큰 효과를 발휘한다'고 합니다.

자는 동안 기억의 정리와
정착이 번갈아 일어난다

이번에는 수면의 질에 관해 살펴보려고 합니다. 앞서 설명했듯이 수면을 취하는 동안에는 얕은 잠과 깊은 잠이 반복됩니다.

대략적으로 설명하자면 얕은 잠을 잘 때는 '해마'가 시터파라는 뇌파를 내보내 정보를 뇌 안에서 재생합니다. 반대로 깊은 잠을 잘 때는 대뇌피질이 델타파를 내보내 기억으로 보존하는 작업을 합니다. 즉, 잠들어 있는 동안에 기억의 '정리'와 '정착'이 번갈아 이루어집니다.

이 말은 깊은 잠을 잘 때 효과적인 델타파를 내보낼 수 있게 되면 기억력이 좋아진다는 뜻이지요. 놀랍게도 그러한 시도를 하여 멋지게 성공한 실험이 있습니다. 뤼베크대학교의 얀 본^{Jan Born} 박사팀이 실시한 연구들입니다.

우선 2006년 연구부터 볼까요? 연구팀은 피험자 13명을 모아 실험을 진행했습니다. 앞에서와 똑같이 '단어 쌍을 암기하는 테스트'입니다. '자전거-고래', '도마뱀-홍차' 등과 같이 의미적으로 전혀 연관성이 없는 단어 조합 46쌍을 취침 전에 외우도록 합니다. 물론 전부 다 암기하기는 어렵겠지만 정답률 60%, 즉 30쌍을 외우면 합격이고, 잠을 좀 잔 뒤에 답을 적어도 좋다고 했습니다. 실험에 참가한 피험자들 중 대부분이 명문대 의대생이어서인지, 평균 37쌍의 단어를 외웠다고 합니다.

자, 다음 날 아침 7시에 기상하여 재시험을 쳤을 때 어떤 결과가 나왔을까요? 기억해 낼 수 있는 단어 쌍이 두 개가 늘어 평균 39쌍이 되었습니다. 놀랄 것 없습니다. 이것이 바로 앞에서 설명한 레미니선스 현상입니다.

그런데 여기서 얀 본 박사팀이 매우 흥미로운 시도를 합니다.

델타파가 더 강하게 나오도록 뇌에 무언가 장치를 마련한 것입니다. 그가 사용한 방법은 경두개전기자극술로, 두피에 부착한 전극을 통해 뇌를 자극하는 방법입니다. 자면서 델타파를 내보내고 있는 사람에게 델타파와 똑같은 리듬의 전기 자극을 주면 델타파가 더욱 강해지거든요.

흥미롭게도 깊은 잠을 잘 때 전기 자극을 받은 피험자는 기억해 내는 단어 쌍이 4개나 늘어 평균 41쌍에 달했습니다.

장미 향으로 기억력을 높인다?

상당히 고무적인 실험 결과입니다. 단, 이 실험에는 대규모 자극 장치가 필요하므로, 집에서 하기엔 현실적으로 불가능하다고 볼 수 있지요. 그렇다면 좀 더 간편한 방법은 없을까요? 이번에도 얀 본 박사팀이 그에 대한 해답을 내놓았습니다.

얀 본 박사팀은 전기 자극 대신 '냄새'를 사용했습니다. 바로 장미 향입니다. 후각은 시각이나 미각 등의 감각정보와는 달리 직접 대뇌피질에 도달해 해마를 활성화시킵니다. 게다가 냄새라면 잠들어 있는 사람을 깨우지 않고도 실험이 가능합니다. 정말 기가 막힌 아이디어 아닌가요?

카드 짝을 맞추는 게임처럼 카드의 위치를 암기하는 게임을 할 때, 이때 장미 향을 맡으며 외우도록 했습니다. 그 후, 델타파가 나오는 깊은 수면 상태^{non-REM}(비렘수면)에서 장미 향을 맡게 해주면 다음 날 아침에 한 테스트 점수가 장미 향을 맡지 않았을 때(평균 86점)보다 상승해 평균 97점에 달했습니다. 자면서 맡은 냄새 자극이 기억을 강화시킨 것입니다.

수면에는 다양한 의미가 있다는데, '기억이라는 한정된 측면에서의 효과적인 수면'이 무엇인지가 밝혀진 것입니다.

이처럼 '수면의 성적(질)'은 중요합니다. 우리는 업무를 보는 낮 시간대뿐만 아니라 잠을 자는 동안에도 계속해서 일을 하고 있는 셈이거든요. 예전에는 수면의 양이나 쾌적함만을 중시했는데, 어쩌면 우리는 지금 수면에 대한 개념을 재정의해야 할 중요한 기점에 서 있는 것일지도 모릅니다.

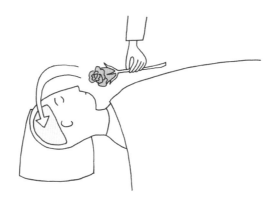

● 장미 향으로 기억력을 향상시킨다

● 암기한 내용이 수면 중에 맡은 냄새 자극으로 강화된다

일단 몸이 움직이면
마음은 따라온다

• 의욕과 뇌 •

우리는 흔히 '마음이 아프다'라든가 '가슴이 아프다'라고 표현합니다. 물리적인 자극이 있는 것도 아닌데, '아픔'이라는 비유를 사용하죠. 마음이 아프다는 것은 인간이라면 누구나 겪을 수 있는 증상이므로, 이에 관한 표현 역시 수많은 언어에 공통으로 나타납니다.

심적 고통에 관해서는 캘리포니아대학교의 나오미 아이젠버거[Naomi I. Eisenberger] 박사팀의 연구가 유명합니다. 아이젠버거 박사팀은 독특한 아이디어로 가득한 실험을 했습니다. 공을 주고받는

'사이버볼'이라는 컴퓨터 게임을 이용한 것입니다.

　셋이서 공을 주고받는 장면을 상상해 봅니다. 이 게임에서는 모니터를 통해 다른 플레이어와 공을 주고받습니다. 이때 공을 주고받는 나머지 두 명은 인간이 아니라 컴퓨터인데, 피험자 본인은 이 사실을 모릅니다.

　처음엔 게임에 참가한 피험자까지 셋이서 공을 사이좋게 주고받으면서 즐기다가, 어느 순간 나머지 두 사람이 피험자에게 공을 보내지 않기 시작합니다. 피험자의 눈앞에서 두 사람만 재미있게 공을 주고받으며 노는 것입니다. 그렇습니다. 이 실험은 사회적 배제(왕따) 실험입니다. 그룹에서 고립되고, 사회에서 고립된 피험자는 아마 마음이 아플 것입니다.

　이때 뇌는 어떤 반응을 보일까요? 피험자 13명의 뇌 활동을 검사한 결과, 소외당했을 때 대뇌피질의 일부인 '전대상피질'이 활동한다는 사실이 드러났습니다. 검사 후 피험자에게 '얼마나 소외감을 느꼈는지' 물었더니 전대상피질이 강하게 활동했던 사람일수록 심한 고립을 느꼈다고 답했습니다.

　전대상피질은 신체적 아픔을 싫어하는 감정과 관련이 있는 뇌 부위입니다. 이것이 이번 발견의 포인트입니다. 즉, 손발 등의 신체가 아플 때 활성화되는 뇌 부위가 마음이 아플 때도 활성화된다는 것입니다.

　인간은 사회적 동물입니다. 사회에서 고립되면 살아가기가 힘듭니다. 그러니 자신이 소외되고 있지 않은지를 민감하게 확인할 필요가 있지요. 이를 위한 사회감시시스템으로 통증의 신경회로를 가져다 쓸 생각을 하다니, 정말 대단하지 않나요? 어쨌든 동물의 통각 수용기는 매우 예민합니다. 검출 감도가 높은 통각 수용기를 활용하면 민감하게 사회 반응을 감지할 수 있겠지요.

인간의 사고는 어디서부터 파생될까?

최근 시사하는 바가 큰 실험 결과가 보고되었습니다. 파리제11대학의 앙드레 크놉스$^{André\ Knops}$ 박사팀의 논문입니다. 크놉스 박사팀은 덧셈과 뺄셈 등의 계산법도 신체 감각과 관련이 있음을 발견했습니다. 눈동자를 좌우로 움직이는 안구 운동이 계산의 기초가 된다는 내용인데요.

크놉스 박사팀은 눈동자를 오른쪽으로 움직일 때와 왼쪽으로 움직일 때 '두정엽'이 어떻게 활동하는지 기록한 뒤, 컴퓨터를 이용해 '눈동자가 좌우 어느 쪽으로 움직였을 때의 화상인지'를 자동으로 판단하는 프로그램을 만들었습니다. 그리고 이 판정 프로그램을 사용해 덧셈과 뺄셈을 할 때 두정엽의 활동을 판단하게 하니, 높은 확률로 어떤 계산을 하고 있는지를 판정할 수 있었습니다.

크놉스 박사팀은 '계산을 할 때 우리는 좌우로 뻗은 하나의 수치선을 떠올린 뒤, 덧셈일 때는 수치선상에서 오른쪽으로 이동하는 가상의 시점 이동을 하고 있는 것이 아닌가'라고 추측했습니다.

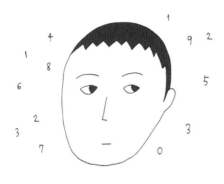

그러고 보면 어릴 때 수치선을 사용해 덧셈과 뺄셈을 익혔던 것 같습니다. 분명 그때 눈동자도 움직였겠지요. 하지만 점점 갈수록 눈동자를 움직인다는 상상만으로도 암산할 수 있게 됩니다. 성인이 되면 눈동자를 움직이지 않는다고 생각하지만, 뇌를 들여다보면 여전히 눈동자의 움직임을 기반으로 하여 계산을 하고 있음을 알 수 있습니다.

　이러한 일련의 발견을 바탕으로, 언뜻 추상적으로도 보이는

인간의 고도의 사고는 신체 운동에서 파생되었다는 가설을 세울
수 있습니다.

진화 과정을 거슬러 올라가면, 원래 원시적 동물은 물질 환경
속에서 신체 운동을 했습니다. 신체 이동은 움직이는 생물인 동
물을 식물과 구분 짓는 큰 특징입니다.

동물은 이 운동을 통제하기 위해 진화 과정에서 근육과 신경
계를 만들었습니다. 고속의 전기신호를 이용해 재빠르게 움직일
수 있게 한 것입니다. 이 신경계를 더욱 효율적으로 발달시킨 집
적회로가 바로 '뇌'입니다.

'마음'은 뇌 회로에서
신체성을 생략한 것이다

뇌 입장에서 '신체'는 중요한 '탈것'이자 모든 것을 의존하는
기능적 토대입니다. 정보를 발생시키고 집약시키기 위한 기반이
지요. 그런데 뇌가 한층 더 진화하는 과정에서 신체를 생략하는
과감한 시도를 합니다. 다시 말하자면 이렇습니다.

뇌 구조는 계층적입니다. 이 중에서 '뇌간'과 '소뇌', 그리고
'기저핵'이란 부분은 진화적으로 오래전부터 존재하였고, 모두
신체와 깊은 관련이 있는 뇌 부위입니다. 이러한 구뇌^{Old brain} 위에

'대뇌신피질'이 존재합니다. 대뇌신피질과 신체의 접점은 구뇌에 비해선 훨씬 적다고 할 수 있지요.

　대뇌신피질은 종종 '구뇌의 상위에 있는 고등조직'이라 불리는데, 저는 오히려 하부조직이라고 봅니다. 적어도 진화 초기 과정에서는 그랬을 것입니다.

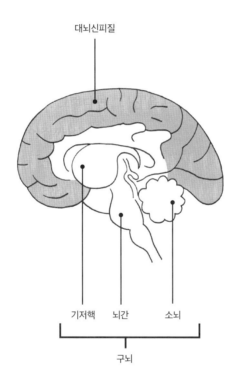

● 계층적인 뇌 구조

진화적으로 나중에 생겨난 대뇌신피질은 이미 효율적으로 기능하던 구뇌가 더욱 원활하게 움직이도록 돕는 '예비회로' 혹은 '촉진기'로 들어온 신입이었던 셈이지요. 엔진의 터보라고 할까요? 필수기관이 아니라 보조기관입니다.

진화 초기 단계에서는 그걸로 충분했습니다. 그런데 진화를 겪으며 뇌가 점점 커졌지요. 특히 인간은 대뇌신피질이 눈에 띄게 확대되었습니다. 그 결과 어떤 일이 벌어졌을까요? 다수결의 원리가 작동하면서 역학적인 상하관계가 뒤바뀌고 맙니다.

뇌에서 대뇌신피질의 뉴런이 압도적 다수를 차지하게 되면 구뇌보다 대뇌신피질의 기능이 우위에 섭니다. 저는 인간의 뇌에서 임계치를 넘어 대뇌신피질에 의한 하극상이 일어났다고 봅니다. 대뇌신피질은 구뇌와는 달리 신체성이 희박합니다. 해부학적으로 봐도 신체와의 직접적인 연결고리가 거의 없습니다.

그래서 대뇌신피질이 주도권을 가진 인간의 뇌에는 신체를 생략하고 싶어 하는 성질이 생겼습니다. 그 결과 생겨난 것이 계산력, 동정심, 도덕심 등의 기능이 아닐까요? 이러한 고차 기능은 원래 신체성에서 발생했지만 물체로서의 신체에서 해방됨으로써 획득하게 된 능력입니다.

'신체운동과 신체감각이 내면화됨에 따라 고차 기능이 생겨났다'는 가설을 그림으로 정리했으니 한번 볼까요?

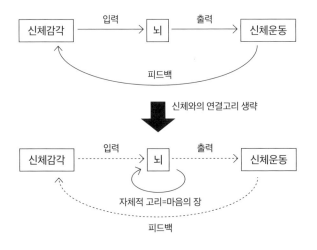

● 뇌는 신체를 생략하고 싶어 한다

뇌는 신체와 정보를 주고받는 연결고리를 형성합니다. 신체로부터 감각을 받아들여 신체에 운동으로 내보내지요. 그리고 신체운동은 또 다시 신체감각이 되어 뇌에 돌아옵니다.

예를 들어, 향기로운 꽃향기가 맴돌 때 나비들은 코로 냄새를 감지해 뇌에 전달합니다. 이것이 신체감각으로 입력되는 과정입니다. 그러면 뇌는 '여기에 먹을 것이 있다!'라고 해석하여 꽃이 있는 방향으로 날아가도록 날개를 움직입니다. 이것이 신체운동으로 출력되는 과정입니다. 그리고 정확히 꽃이 있는 방향으로 날아가면 향기는 갈수록 더욱 진해지겠지요. 점점 진해지는 농도 정보를 계속해서 입력함으로써 나비는 자신이 올바른 방향으로 날아가고 있는지 확인합니다. 이때의 농도 정보는 신체감각으로 입력되는 것입니다. 즉, 신체와 뇌 사이에서 정보가 하나의 고리를 이루어 순환하고 있는 셈입니다.

그런데 인간처럼 뇌가 크면 뇌의 자율성이 높아서 신체를 생략하고 자체적으로 고리를 형성할 수가 있습니다. 귀찮으니까 뇌 안에서만 정보를 주고받고 끝내려 하는 것입니다. 이 연산행위가 바로 우리가 흔히 말하는 '생각하는' 행위 아닐까요? 결국 마음이란 건 뇌 회로를 신체성에서 해방시킨 산물인 것입니다.

이미 존재하는 시스템을 재활용하는 뇌

실제로 뇌를 검사하면 일견 관련이 없어 보이는 뇌 회로가 행동과 심리작용에 함께 쓰이는 예를 종종 발견할 수 있습니다. 통각과 마음의 고통, 안구운동과 암산 등이 좋은 예이지요. 이러한 사실은 서로 다른 뇌 기능이 계통발생적인 근원을 공유하고 있음을 시사합니다.

아마도 생물은 진화 초기 단계에서 통증이나 안구운동 같은 지극히 원시적인 생리감각과 신체운동의 회로를 만들었고, 이것이 너무나 효과적이고 범용성이 높은 시스템이었기 때문에 훗날 신체성을 배제하고 다른 용도로 쓴 것이겠지요.

인간에게 존재하는 고차 기능을 위한 뇌 회로를 무無의 상태에서 만들려면 상당한 시간과 노력이 필요할 것입니다. 그렇다면 이미 존재하는 시스템을 재활용하는 편이 개발 비용이 적게 들겠지요. '사회적 아픔'을 느끼는 데에 통각회로를 이용하는 교묘한 응용방법을 어떻게 생각한 것인지 놀라울 따름입니다. 아마 생물학적으로 보면 그것이 이치에 맞았을 것입니다.

이처럼 어떠한 수단을 본래 목적이 아닌 다른 목적에 가져다 쓰는 것을 '코옵트co-opt'라 합니다. 언뜻 보기에 고차적이고 복잡해 보이는 뇌 기능은 의외로 단순한 신경 시스템이 코옵트된 것이라 볼 수 있겠지요.

뇌는 무엇을 위해 존재하는가?

그렇다면 우리 '뇌'는 무엇을 위해 존재할까요? 현재 '뇌'는 고도의 정보처리를 실행하는 특수한 조직으로 기능합니다. 그래서 '뇌는 무엇을 위해 존재하는가?'라고 묻는다면, 대개는 '정신을 다스리기 위해'라든가 '의식이나 마음을 만들어 내기 위해'라고 답할 수 있지요. 그러나 이러한 기능은 뇌의 본질이 아닙니다.

아주 초기의 생물을 보면 뇌의 본래 역할이 무엇인지 알 수 있습니다. 초기 생물에게 뇌는 외부의 정보를 처리하여 적절한 운동을 하게 만드는 '입출력 변환 장치'입니다. 먹이가 있으면 접근하고 적이나 독이 있으면 피하는 등 단순하지만 생명 유지에 중요한 반사 행동을 일으키는 장치입니다.

다시 말해, 당시의 뇌는 철저히 신체감각(입력)과 신체운동(출력)을 처리하는 데에 특화된 조직이었을 것입니다.

이러한 점을 생각하면, 모든 고차 기능은 신체 제어라는 원시 기능이 코옵트된 것이라 해도 이상하지 않지요. 덧셈과 뺄셈이 눈동자의 움직임과 관련이 있다 해도 놀랍지 않고, 심지어 인간의 심리작용은 대부분 신체성을 기반으로 한다고 생각해도 좋습니다.

어린 시절을 떠올려 보세요. 어린이는 수를 셀 때 손가락을 하나하나 접으면서 "1, 2, 3……" 하고 셉니다. 그러다 나이가 좀 더 들면 손가락을 쓰지 않고서도 숫자를 셀 수 있습니다. 이는 '손가락'이라는 신체적 도구가 내면화되었기 때문입니다. 즉, '수'라는 추상적 개념도 그 기원을 거슬러 올라가면 신체에 도달합니다.

신체성과 관련된 논의는 모리스 메를로 퐁티^{Maurice Merleau Ponty}를 비롯한 철학자들에 의해 오래 전부터 이루어졌기에, 뇌과학자가 과학적 지식을 기반으로 한 또 다른 루트로 동일한 결론에 도달했다 해도 전혀 생뚱맞은 주장이라 할 수는 없습니다.

이러한 생각을 바탕으로 우리의 일상을 되돌아보면, 신체와 행동 때문에 생긴 딱지의 오해가 많이 존재한다는 사실을 깨닫게 됩니다.

예를 들자면 다음과 같은 표현이 있겠지요.

- 매력적인 사람이 지나가면 나도 모르게 시선이 간다.
- 이 대리는 시간 개념이 없어서 이번에 또 지각했다.
- 형은 바쁘니까 시간이 없을 게 분명하다.

흔히 쓰는 표현인데, 혹시 이상한 점을 눈치채셨나요?

애초에 '매력적인 사람'이란 어떤 사람일까요? 매력적이라서 시선이 가는 것일까요? 물론 아닙니다. 신체적 반응이 먼저거든요. 자기도 모르게 자꾸 쳐다보게 되는 사람에게 우리가 '매력적'이라는 언어의 딱지를 붙인 것은 아닐까요?

마찬가지로 '시간 개념이 없어서 지각하는' 것이 아니라 자주 지각하는 사람에게 우리는 '시간 개념이 없다'는 딱지를 붙입니다. 지각이라는 신체행동의 빈도를 표현하는 것에 불과합니다. '바쁘다'라는 딱지도 그렇습니다. 우리는 시간이 없는 사람 혹은 시간 내에 일을 끝낼 수 없는 사람을 그렇게 부르고 있는 것뿐입니다.

이렇듯 신체운동과 행동습관에 언어로 딱지를 붙이면 편리합니다. 그것만으로도 이미 '다 아는 듯한 기분'이 되거든요. 그런데 그러고 나면 딱지가 선행하기 시작합니다. 하지만 그것은 역인과로 인한 착오이므로, 실질적으로는 아무 실효성이 없습니다.

딱지는 어떠한 행동이나 성격의 이유가 아닙니다. 항상 결과이지요. 그 핵심을 파고들면, 뇌 안에서 나오는 표현의 대부분은 신체와 행동이 외적, 내적으로 '언어화'된 것이라는 사실을 알 수 있습니다.

언제쯤 뇌에 언어가 생겨났을까?

언어가 인간의 사고에 중요한 역할을 담당한다는 것은 저도 인정합니다. 하지만 언어와 뇌의 인연은 그리 오래 되지 않았습니다. 화석을 조사한 결과, 뇌(의 원형)가 완성된 것은 약 5억 년 전으로 추정됩니다. 한편 언어가 생겨난 시기에 대해서는 여러 가지 설이 있지만, 대략 10만 년 전이라고 봅니다. 양자의 기간을 비교하면 언어가 얼마나 새롭게 생겨난 기능인지 이해될 것입니다.

예를 들어, 뇌가 생겨난 후 지금까지의 5억 년이라는 기간을 1년으로 단축하여 양자의 시간을 비교해 보면 뇌에 언어가 생겨난 시기가 한 해의 마지막 날인 12월 31일 밤 10시 이후 즈음이라는 것을 알 수 있습니다.

즉, 뇌는 비교적 최근에 와서야 언어를 취급하게 되었고 그 이전까지는 뇌가 비언어적인 신체 세계 속에 살고 있었던 셈입니다. 그러니 뇌 입장에서는 "언어로 표현하니 이제야 이해가 되는 것 같네"라는 말이 이상하게 들릴 수밖에 없습니다.

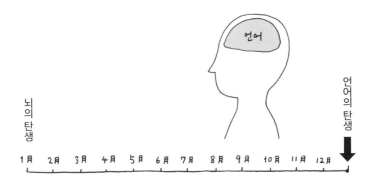

● 뇌가 생겨난 후 지금까지의 5억 년이라는 기간을 1년간으로 단축하면……

마음은 어디에 있는가

이 책을 마무리하기 전에 이러한 신체성에 관한 일련의 고찰을 알기 쉬운 예를 들어 살펴볼까 합니다. 한마디로 평소의 신체적 경험이 얼마나 중요한지 말이죠.

인간의 뇌는 신체를 생략하는 '과감한 행위'를 시도해 성공했기 때문에 신체성을 경시하는 경향이 있습니다. 몸을 움직이지 않고 머릿속에서 끝내는 편이 더 편하다는 것은 이해합니다. 하지만 뇌는 원래 몸과 함께 기능하도록 만들어졌습니다.

저는 매일 뇌 연구를 하면서 손으로 쓰고, 소리 내어 읽고, 장난감을 갖고 노는 이러한 활동적인 체험이 이후의 뇌 기능에 강한 영향을 줄 것이라 직감합니다.

주로 공부방이나 교실에서 생활하며 자란 사람과 야산이나 하천을 뛰어다니며 자란 사람은 신체성의 풍부함에서 현격한 차이를 보이겠지요. 책상에 앉아 공부하는 것도 물론 중요합니다. 하지만 어떤 가정에서는 놀이터의 정글짐 같은 곳에서 노는 야외활동조차 '떨어지면 위험하다'라든가 '세균이 득실거려 더럽다'라며 못 하게 하는데 이는 뇌의 본질과 살짝 어긋난 것 같습니다.

저는 뇌과학자이기에 사회적으로 용인되어선 안 되는 체벌도 한편으로 신체성이란 측면에서는 의의가 있다는 것을 인정합니다(물론 그 이유만으로 체벌을 부활시키는 것은 반대이지만).

비디오 게임은 또 어떤가요? 저는 '게임 뇌'를 들먹이며 게임이 무조건 유해하다고 말할 생각은 없습니다. 저도 예전에는 비디오게임을 좋아했고, 록펠러대학교의 다프네 바벨리어^{Daphne Bavelier} 박사팀이 '액션 게임을 자주 하는 사람은 정보병행처리 능력이 뛰어나다'라는 연구 결과를 발표한 적이 있다고 종종 소개하기까지 했으니까요. 다만, 비디오게임은 확실히 부정적인 측면이 있습니다. 신체성이 결여되어 있거든요. 시각, 청각, 미각, 후각, 촉각의 오감 중 적어도 미각과 후각이 결여되어 있습니다.

정신과 신체는 따로 떼어 생각할 수 없습니다. 마음은 뇌에 있는 것이 아니라, 신체와 환경에 흩어져 있는 것이니까요.

인간의 마음은 얼마나
신체와 환경의 지배를 받는가

신체와 환경이 정신을 규정한다고 한다면, 우리가 자신만만하게 내리는 판단과 결단, 의견, 의도도 본질적으로 다시 점검할 필요가 있습니다.

선거를 예로 들면 선거는 각자의 소신과 주관을 바탕으로 한 의사결정이 이루어지는 장입니다. 하지만 이러한 의사결정은 환경에 따라 크게 좌우되지요.

투표율을 높이려면 재택투표와 온라인투표를 도입하는 것이 좋지 않겠냐는 의견이 일부에서 나오고 있습니다. 하지만 투표소를 직접 찾아 투표 감시원이 있는 자리에서 투표할 때와 집에서 한 손에 맥주를 든 채 가벼운 마음으로 화면을 클릭해 투표할 때는 지지하는 후보자와 정당이 달라질 수 있습니다. 신체가 놓인 환경이 전혀 다르기 때문이지요. 진정한 민심이 반영되는 경우는 둘 중 어떤 상황일까요?

또 다른 상황을 가정해 볼까요? 얼마 전 지인이 "얼굴을 보고 논의를 할 때는 이성적으로 대응할 수 있는데, 메일로 논의하면 나도 모르게 본심이 나와 싸우게 되는 것 같아"라며 고민을 털어놓더군요. 충분히 이해가 갑니다. 다만 이 경우에도 '겉으로 드러난 언행'과 '속마음'의 차이 정도로 얄팍하게 이해하면 오해가 생길 수 있습니다. 어느 쪽이 '진짜 나'일까요? 눈앞의 상대를 배려하는 사회성을 중시한 '나'일까요, 아니면 떠오르는 말을 아무렇지 않게 내뱉어버리는 신체성이 희박한 '나'일까요? 애초에 인간은 사회성을 갖춘 동물이니, 지인의 주장대로 메일에서 보인 언행이 진짜 '본심'인지도 사실 의심스럽습니다.

우리는 평소에 인간의 마음이 얼마나 신체와 환경의 지배를 받는지 깊게 생각하지 않는 경향이 있습니다. 하지만 신체성에 대한 논의를 빼고서 인간의 행동심리를 말하기는 어렵습니다.

시작이 반이다

좀 더 깊이 들어가 봅시다. 인간의 뇌에선 입력과 출력이 이루어집니다. 신체감각(입력)과 신체운동(출력)이야말로 뇌와 외부를 연결하는 접점이지요. 그러니 입력과 출력은 둘 다 중요합니다.

하지만 입력과 출력 중 무엇이 더 중요한가를 묻는다면, 저는 망설임 없이 '출력'이라 답하겠습니다. 감각보다는 운동이 더 중요하니까요.

그 이유 중 하나는 앞서 설명했듯이 뇌는 출력을 통해 기억하기 때문입니다. 뇌에 기억되는 정보는 얼마나 자주 뇌에 그 정보가 들어왔느냐가 아니라 얼마나 그 정보가 필요한 상황인지, 즉 그 정보를 얼마나 사용했는지를 기준으로 하여 선택됩니다.

이는 앞서 이야기한 '미소'의 효과와도 관련이 있습니다. 미소와 비슷한 표정을 짓는 것만으로도 유쾌한 기분이 된다는 실험 결과가 있었지요. 즐거워서 웃는 것이 아니라, 웃으니까 즐거운 것입니다. 다시 말해, 우리 뇌는 미소라는 표정을 출력함으로써 그 행동 결과에 걸맞은 심리 상태를 만듭니다. 역시 출력이 먼저네요.

이와 비슷한 예는 아주 많습니다. '졸리니까 잔다'와 같이 어찌 보면 당연해 보이는 행동도 대개는 잘못된 표현입니다. 물론 수면이 부족했거나 술이나 수면약을 먹어 '졸리니까 자는' 경우도 있을 수 있지요.

하지만 그런 상황은 극히 일부에 불과합니다. 매일 밤 어떻게 잠드는지 떠올려 보세요. 대개는 '잘 시간이 됐으니까' 자지 않나요? 혹은 '어? 벌써 시간이 이렇게 됐네? 내일도 출근이니 얼른 자야지' 하며 잠을 청합니다. 모두 졸리니까 자는 경우라기보다 오히려 졸리지도 않는데 잠을 청하는 경우에 해당합니다.

그럼 잠이 오게 하려면 어떻게 해야 할까요? 몸을 이용하면 됩니다. 일단 침실에 들어가 불을 끈 뒤 이불을 덮고 옆으로 누워 보세요. 아마 자연스럽게 잠이 밀려올 것입니다.

몸을 잠들기 좋은 상황에 두니까 '졸리는' 것입니다. 몸이 먼저고 졸음은 나중입니다. 잠자는 자세(출력=행동)를 취하니 그에 걸맞은 내면(감정과 감각)이 형성되는 것입니다.

가끔 회의 중이나 수업 중에 졸음이 밀려오는 것도 조용히 앉아 있는 자세가 휴식을 취하는 자세이기 때문입니다. 어디까지나 신체가 결정적 역할을 합니다.

'의욕'도 마찬가지입니다. 의욕이 생겨서 하는 경우보다 일단 시작하고 나니 의욕이 생기는 경우가 더 많습니다. 연말 대청소 같은 것이 좋은 예이지요. 너무 하기 싫었는데 막상 청소를 시작하고 나니 점점 의욕이 솟아 방에 먼지 한 톨 보이지 않을 때까지 깔끔하게 청소한 경험이 다들 한 번쯤은 있을 것입니다.

"시작이 반이다"라는 말이 있지요. 우리 뇌가 출력을 중시하도록 설계된 이상, 저는 항상 출력에 신경 쓰며 살아야 한다고 생각합니다. 그것이 코옵트를 기반으로 하는 뇌와 함께 하는 자연스러운 방법입니다.

앞에서도 언급했지만, 로마 시인 유베날리스는 "건강한 신체에 건강한 정신이 깃든다"라는 명언을 남겼습니다. 이 말에서도 알 수 있듯이, 과거 사람들은 뇌보다 신체를 더 우위에 둔 것이 분명합니다. 그런데 훗날 르네 데카르트와 지그문트 프로이트 등과 같이 정신의 중요성을 깨달은 사람들이 등장하면서(그리고 정신을 지나치게 강조하는 바람에), 현재는 신체보다 뇌를 더 우위에 두는 기묘한 착각을 하게 되었습니다. 그렇기에 마음은 신체에서 파생된다는 점을 더욱더 잊지 말아야 합니다.

● 졸려서 눕는 것이 아니라 누우니까 졸리는 것이다

신체운동을 동반하면
뉴런이 10배나 강하게 활동한다

마지막으로 듀크대학교의 데이비드 크루파David J. Krupa 박사팀의 연구를 소개할까 합니다. 쥐의 수염에 무언가가 닿았을 때 대뇌피질이 보이는 반응을 기록한 것입니다. 다음 페이지를 볼까요? 점의 개수는 신경세포의 활동 강도를 나타냅니다.

위쪽 데이터는 실험자가 쥐의 수염에 사물을 접촉시켰을('입력=감각' 중시) 때 뉴런이 보인 반응입니다. 아래쪽 데이터는 쥐가 스스로 수염을 움직여('출력=행동' 중시) 사물에 접촉했을 때의 반응입니다.

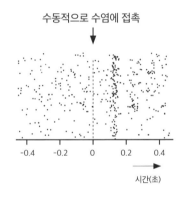

수동적으로 수염에 접촉

시간(초)

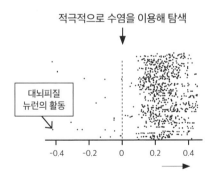

적극적으로 수염을 이용해 탐색

대뇌피질
뉴런의 활동

● 신체행동을 동반했을 때 뉴런의 활동 강도

즉, 수동적으로 학습하는 상황이 위쪽이고 적극적으로 배우러 가는 상황이 아래쪽에 해당합니다.

이 그래프를 보면, 신체 운동을 동반하면 뉴런이 거의 10배나 강하게 활동한다는 점을 알 수 있습니다. 똑같은 사물이 수염에 닿아 똑같은 감각자극이 뇌에 전달되었음에도, 뇌의 반응은 이토록 다릅니다.

제가 이 장에서 말하고자 한 것이 모두 이 쥐의 뇌가 보인 반응에 집약되어 있습니다. 구차하게 가타부타 말하기보다 뇌가 보여 주는 진실이 훨씬 더 설득력이 있는 것 같네요.

저는 뇌 연구를 하는 과학자입니다. 그리고 연구를 하면서 일
반인들을 위한 책을 집필하고 있습니다. 아, '집필'이라고 하기엔
어폐가 있을 수도 있겠네요. 제가 출간한 책들은 기본적으로 책
을 쓴다는 생각으로 쓴 것이 별로 없거든요. 오히려 대담이나 강
의를 녹음해 다른 분께 부탁해 써 달라고 한 것, 또는 제가 예전에
쓴 에세이들을 한데 모아 정리한 것이 대부분입니다.

이런 식으로 집필하는 이유는 두 가지입니다. 하나는 가능하
면 연구 시간을 뺏기지 않기 위해서고, 또 다른 하나는 동업자로
부터 "책 쓸 시간이 있으면 연구에 더 집중하는 게 좋지 않을까?"
라는 질책을 받기 때문입니다.

그래서 부담 없이 책을 출간하는 방법으로 이러한 스타일

을 예전부터 고수하고 있습니다. 이 책도 예외는 아닙니다. 지난 5~6년 동안 잡지나 인터넷에 기고한 에세이를 기반으로 한 것입니다. 거의 100편 가까이 되는 에세이를 모아 정리했지요.

그래도 출판을 할 때 마냥 손을 놓고 있을 수만은 없겠더라고요. 학자들에게서 나타나는 일종의 편집증이라고나 할까요? 제가 기고했던 에세이들 중에서 적절한 것들을 꼽아서 각각의 파트를 나누고 이런저런 시행착오를 거치며 재편성했습니다. 문장 자체도 전체적으로 꼼꼼히 수정했지요. 그러다 보니 원형과는 많이 달라졌습니다.

연구를 하면서 작업을 했기 때문에 편집 작업만 2년 이상 소요되었습니다. 그래서 일부 내용 중에는 과거 출간했던 내용과 중복되는 부분도 있습니다. 하지만 연구 배경을 설명하기 위해서 생략하지 않았고, 무엇보다 당시에는 그 에세이 자체가 실린 건 처음이었으니 너그러이 봐주셨으면 합니다.

지금까지 출간된 책들은 모두 대충 적당히 타협하지 않고 아주 꼼꼼하게 작업했다고 자부합니다. 그래서 모든 책에 그만큼 애착이 있습니다. 단, 좋아하는 부분이 책마다 조금씩 다릅니다. 이 책에서 특히 마음에 드는 부분은 뇌에 대한 제 생각을 가감 없이 전달했다는 점입니다.

제가 존경하는 신경과학자 선생님이 이 책을 읽고 "이케가야 씨가 쓴 책은 무엇보다 표현이 참 친절한 것 같아요"라고 칭찬해

주시더군요. 같은 직군에서 일하는 동료에게 그런 말을 들으니 얼마나 뿌듯했는지 모릅니다.

　저는 같은 분야에서 종사하는 전문가는 물론이고, 비전문가가 읽어도 금방 이해할 수 있도록 쉽게 문장을 쓰려고 노력합니다. 이 책을 읽으시는 동안 그런 제 마음이 조금이나마 전해졌다면 그보다 기쁜 일은 없을 것 같습니다.

이케가야 유지

PART 1. 생각을 조종하는 뇌의 비밀

▷ 우리의 마음과 행동은 조종당하고 있다

Song, C, Qu, Z, Blumm, N, Barabasi, AL. Limits of predictability in human mobility. Science, 327:1018-1021, 2010.

Brasil-Neto, JP, Pascual-Leone, A, Valls-Sole, J, Cohen, LG, Hallett, M. Focal transcranial magnetic stimulation and response bias in a forced-choice task. J Neurol Neurosurg Psychiatry, 55:964-966, 1992.

Oliveira, FT, Diedrichsen, J, Verstynen, T, Duque, J, Ivry, RB. Transcranial magnetic stimulation of posterior parietal cortex affects decisions of hand choice. Proc Natl Acad Sci U S A, 107:17751-17756, 2010.

Galdi, S, Arcuri, L, Gawronski, B. Automatic mental associations predict future choices of undecided decision-makers. Science, 321:1100-1102, 2008.

Wilson, TD, Bar-Anan, Y. The unseen mind. Science, 321:1046-1047, 2008.

Soon, CS, Brass, M, Heinze, HJ, Haynes, JD. Unconscious determinants of free decisions in the human brain. Nat Neurosci, 11:543-545, 2008.

Smith, K. Neuroscience vs philosophy: Taking aim at free will. Nature, 477:23-25, 2011.

Desmurget, M, Reilly, KT, Richard, N, Szathmari, A, Mottolese, C, Sirigu, A. Movement intention after parietal cortex stimulation in humans. Science, 324:811-813, 2009.

Lau, HC, Rogers, RD, Haggard, P, Passingham, RE. Attention to intention. Science, 303:1208-1210, 2004.

Rigoni, D, Kuhn, S, Sartori, G, Brass, M. Inducing disbelief in free will alters brain correlates of preconscious motor preparation: the brain minds whether we believe in free will or not. Psychol Sci, 22:613-618, 2011.

Vohs, KD, Schooler, JW. The value of believing in free will: encouraging a belief in determinism increases cheating. Psychol Sci, 19:49-54, 2008.

Cashmore, AR. The Lucretian swerve: the biological basis of human behavior and the criminal justice system. Proc Natl Acad Sci U S A, 107:4499-4504, 2010.

▷ 웬일인지 운수 좋은 날, 기분 탓일까?

Coates, JM, Gurnell, M, Rustichini, A. Second-to-fourth digit ratio predicts success among high-frequency financial traders. Proc Natl Acad Sci U S A, 106:623-628, 2009.

Coates, JM, Herbert, J. Endogenous steroids and financial risk taking on a London trading floor. Proc Natl Acad Sci U S A, 105:6167-6172, 2008.

Manning, JT, Scutt, D, Wilson, J, Lewis-Jones, DI. The ratio of 2nd to 4th digit length: a predictor of sperm numbers and concentrations of testosterone, luteinizing hormone and oestrogen. Hum Reprod, 13:3000-3004, 1998.

Kondo, T, Zakany, J, Innis, JW, Duboule, D. Of fingers, toes and penises. Nature, 390:29, 1997.

Brosnan, MJ. Digit ratio as an indicator of numeracy relative to literacy in 7-year-old British schoolchildren. Br J Psychol, 99:75-85, 2008.

Williams, TJ, Pepitone, ME, Christensen, SE, Cooke, BM, Huberman, AD, Breedlove, NJ, Breedlove, TJ, Jordan, CL, Breedlove, SM. Finger-length ratios and sexual orientation. Nature, 404:455-456, 2000.

Eisenegger, C, Naef, M, Snozzi, R, Heinrichs, M, Fehr, E. Prejudice and truth about the effect of testosterone on human bargaining behaviour. Nature, 463:356-359, 2010.

Sanfey, AG, Rilling, JK, Aronson, JA, Nystrom, LE, Cohen, JD. The neural basis of economic decision-making in the Ultimatum Game. Science, 300:1755-1758, 2003.

Churchland, PS. The impact of neuroscience on philosophy. Neuron, 60:409-411, 2008.

Kosfeld, M, Heinrichs, M, Zak, PJ, Fischbacher, U, Fehr, E. Oxytocin increases trust in humans. Nature, 435:673-676, 2005.

Baumgartner, T, Heinrichs, M, Vonlanthen, A, Fischbacher, U, Fehr, E. Oxytocin shapes the neural circuitry of trust and trust adaptation in humans. Neuron, 58:639-650, 2008.

▷ 역시 그럴 줄 알았다? 뒷북으로 훈수 두는 이유

Knutson, B, Wimmer, GE, Rick, S, Hollon, NG, Prelec, D, Loewenstein, G. Neural antecedents of the endowment effect. Neuron, 58:814-822, 2008.

Whitson, JA, Galinsky, AD. Lacking control increases illusory pattern perception. Science, 322:115-117, 2008.

▷ 뇌는 '있어 보이는 것'에 매혹된다

Clancy, K, Hamm, M, Levine, AS, Wilkins, J. Organics: evidence of nutritional superiority is weak. Science, 325:676, 2009.

Seufert V, Ramankutty N, Foley JA. Comparing the yields of organic and conventional agriculture. Nature 485:229-232, 2012.

Plassmann, H, O'Doherty, J, Shiv, B, Rangel, A. Marketing actions can modulate neural representations of experienced pleasantness. Proc Natl Acad Sci U S A, 105:1050-1054, 2008.

▷ 행동을 바꿀 수 없다면 기분이라도 바꾼다

Sokol-Hessner, P, Hsu, M, Curley, NG, Delgado, MR, Camerer, CF, Phelps, EA. Thinking like a trader selectively reduces individuals' loss aversion. Proc Natl Acad Sci U S A, 106:5035-5040, 2009.

Egan, LC, Santos, LR, Bloom, P. The origins of cognitive dissonance: evidence from children and monkeys. Psychol Sci, 18:978-983, 2007.

Daw, ND, O'Doherty, JP, Dayan, P, Seymour, B, Dolan, RJ. Cortical substrates for exploratory decisions in humans. Nature, 441:876-879, 2006.

Padoa-Schioppa, C, Assad, JA. The representation of economic value in the orbitofrontal cortex is invariant for changes of menu. Nat Neurosci, 11:95-102, 2008.

▷ 헛소리도 영상으로 보면 믿는 이유

Owen, AM, Hampshire, A, Grahn, JA, Stenton, R, Dajani, S, Burns, AS, Howard, RJ, Ballard, CG. Putting brain training to the test. Nature, 465:775-778, 2010.

Nouchi, R, Taki, Y, Takeuchi, H, Hashizume, H, Akitsuki, Y, Shigemune, Y, Sekiguchi, A, Kotozaki, Y, Tsukiura, T, Yomogida, Y, Kawashima, R. Brain training game improves executive functions and processing speed in the elderly: a randomized controlled trial. PLoS One, 7:e29676, 2012.

McNab, F, Varrone, A, Farde, L, Jucaite, A, Bystritsky, P, Forssberg, H, Klingberg, T. Changes in cortical dopamine D1 receptor binding associated with cognitive training. Science, 323:800-802, 2009.

McCabe, DP, Castel, AD. Seeing is believing: the effect of brain images on judgments of scientific reasoning. Cognition, 107:343-352, 2008.

Miller, G. Neuroimaging. Growing pains for fMRI. Science, 320:1412-1414, 2008.

▷ 나도 모르는 사이 생겨버린 호불호

Rohsenow, DJ, Howland, J, Arnedt, JT, Almeida, AB, Greece, J, Minsky, S, Kempler, CS, Sales, S. Intoxication with bourbon versus vodka: effects on hangover, sleep, and next-day neurocognitive performance in young adults. Alcohol Clin Exp Res, 34:509-518, 2010.

Mokdad, AH, Marks, JS, Stroup, DF, Gerberding, JL. Actual causes of death in the United States, 2000. JAMA, 291:1238-1245, 2004.

Gilman, JM, Ramchandani, VA, Davis, MB, Bjork, JM, Hommer, DW. Why we like to drink: a functional magnetic resonance imaging study of the rewarding and anxiolytic effects of alcohol. J Neurosci, 28:4583-4591, 2008.

Koob, GF. Drugs of abuse: anatomy, pharmacology and function of reward pathways. Trends Pharmacol Sci, 13:177-184, 1992.

Youngentob, SL, Glendinning, JI. Fetal ethanol exposure increases ethanol intake by making it smell and taste better. Proc Natl Acad Sci U S A, 106:5359-5364, 2009.

▷ 직감을 믿어야 할 때는 따로 있다

Seitz, AR, Kim, D, Watanabe, T. Rewards evoke learning of unconsciously processed visual stimuli in adult humans. Neuron, 61:700-707, 2009.

Pessiglione, M, Petrovic, P, Daunizeau, J, Palminteri, S, Dolan, RJ, Frith, CD. Subliminal instrumental conditioning demonstrated in the human brain. Neuron, 59:561-567, 2008.

Shibata, K, Watanabe, T, Sasaki, Y, Kawato, M. Perceptual learning incepted by decoded fMRI neurofeedback without stimulus presentation. Science, 334:1413-1415, 2011.

Kuo, WJ, Sjostrom, T, Chen, YP, Wang, YH, Huang, CY. Intuition and deliberation: two systems for strategizing in the brain. Science, 324:519-522, 2009.

PART 2. 내 마음대로? 뇌 마음대로!

▷ 타인의 삶을 보며 불안해하는 이유

Friederich, HC, Uher, R, Brooks, S, Giampietro, V, Brammer, M, Williams, SC, Herzog, W, Treasure, J, Campbell, IC. I'm not as slim as that girl: neural bases of body shape self-comparison to media images. Neuroimage, 37:674-681, 2007.

Shirao, N, Okamoto, Y, Mantani, T, Yamawaki, S. Gender differences in brain activity generated by unpleasant word stimuli concerning body image: an fMRI study. Br J Psychiatry, 186:48-53, 2005.

Tucci, S, Peters, J. Media influences on body satisfaction in female students. Psicothema, 20:521-524, 2008.

Takahashi, H, Kato, M, Matsuura, M, Mobbs, D, Suhara, T, Okubo, Y. When your gain is my pain and your pain is my gain: neural correlates of envy and schadenfreude. Science, 323:937-939, 2009.

Svenson, O. Are we all less risky and more skillful than our fellow drivers? Acta Psychol., 47:143-148, 1981.

Alicke, MD, Govorun, O. The better-than-average effect. The Self in Social Judgment 85-106, 2005.

Cross, KP. Not can, but will college teaching be improved? New Directions Higher Educ, 17:1-15, 1977.

Izuma, K, Saito, DN, Sadato, N. Processing of social and monetary rewards in the human striatum. Neuron, 58:284-294, 2008.

Fliessbach, K, Weber, B, Trautner, P, Dohmen, T, Sunde, U, Elger, CE, Falk, A. Social comparison affects reward-related brain activity in the human ventral striatum. Science, 318:1305-1308, 2007.

Johnson, DD, Fowler, JH. The evolution of overconfidence. Nature, 477:317-320, 2011.

Takahashi, H, Matsuura, M, Koeda, M, Yahata, N, Suhara, T, Kato, M, Okubo, Y. Brain activations during judgments of positive self-conscious emotion and positive basic emotion: pride and joy. Cereb Cortex, 18:898-903, 2008.

▷ 우리는 왜 남의 물건을 훔치지 않을까?

Bshary, R, Grutter, AS, Willener, AS, Leimar, O. Pairs of cooperating cleaner fish provide better service quality than singletons. Nature, 455:964-966, 2008.

Knoch, D, Pascual-Leone, A, Meyer, K, Treyer, V, Fehr, E. Diminishing reciprocal fairness by disrupting the right prefrontal cortex. Science, 314:829-832, 2006.

Dreber, A, Rand, DG, Fudenberg, D, Nowak, MA. Winners don't punish. Nature, 452:348-351, 2008.

Thomson, JJ. The Trolley Problem, . Yale Law Journal, 94:1395-1415, 1985.

Greene, JD, Sommerville, RB, Nystrom, LE, Darley, JM, Cohen, JD. An fMRI investigation of emotional engagement in moral judgment. Science, 293:2105-2108, 2001.

Koenigs, M, Young, L, Adolphs, R, Tranel, D, Cushman, F, Hauser, M, Damasio, A. Damage to the prefrontal cortex increases utilitarian moral judgements. Nature, 446:908-911, 2007.

▷ 말뿐인 응원이라도 힘이 되는 이유

Smith, MK, Wood, WB, Adams, WK, Wieman, C, Knight, JK, Guild, N, Su, TT. Why peer discussion improves student performance on in-class concept questions. Science, 323:122-124, 2009.

Couzin, ID, Krause, J, Franks, NR, Levin, SA. Effective leadership and decision-making in animal groups on the move. Nature, 433:513-516, 2005.

Franks, NR, Pratt, SC, Mallon, EB, Britton, NF, Sumpter, DJ. Information flow, opinion polling and collective intelligence in house-hunting social insects.

299

Philos Trans R Soc Lond B Biol Sci, 357:1567-1583, 2002.

Ramirez, G, Beilock, SL. Writing about testing worries boosts exam performance in the classroom. Science, 331:211-213, 2011.

Aarts, H, Custers, R, Marien, H. Preparing and motivating behavior outside of awareness. Science, 319:1639, 2008.

▷ 인간다움을 보여주는 인간만의 특성

Green, RE et al. A draft sequence of the Neandertal genome. Science, 328:710-722, 2010.

Burbano, HA, Hodges, E, Green, RE, Briggs, AW, Krause, J, Meyer, M, Good, JM, Maricic, T, Johnson, PL, Xuan, Z, Rooks, M, Bhattacharjee, A, Brizuela, L, Albert, FW, de la Rasilla, M, Fortea, J, Rosas, A, Lachmann, M, Hannon, GJ, Paabo, S. Targeted investigation of the Neandertal genome by array-based sequence capture. Science, 328:723-725, 2010.

Briggs, AW, Good, JM, Green, RE, Krause, J, Maricic, T, Stenzel, U, Lalueza-Fox, C, Rudan, P, Brajkovic, D, Kucan, Z, Gusic, I, Schmitz, R, Doronichev, VB, Golovanova, LV, de la Rasilla, M, Fortea, J, Rosas, A, Paabo, S. Targeted retrieval and analysis of five Neandertal mtDNA genomes. Science, 325:318-321, 2009.

Blacks see growing values gap between poor and middle class: optimism about black progress declines. Pew Research Centre, 2007.

Kawakami, K, Dunn, E, Karmali, F, Dovidio, JF. Mispredicting affective and behavioral responses to racism. Science, 323:276-278, 2009.

McBrearty, S, Brooks, AS. The revolution that wasn't: a new interpretation of the origin of modern human behavior. J Hum Evol, 39:453-563, 2000.

Konopka, G, Bomar, JM, Winden, K, Coppola, G, Jonsson, ZO, Gao, F, Peng, S, Preuss, TM, Wohlschlegel, JA, Geschwind, DH. Human-specific transcriptional regulation of CNS development genes by FOXP2. Nature, 462:213-217, 2009.

Enard, W, Przeworski, M, Fisher, SE, Lai, CS, Wiebe, V, Kitano, T, Monaco, AP, Paabo, S. Molecular evolution of FOXP2, a gene involved in speech and language. Nature, 418:869-872, 2002.

Fisher, SE, Scharff, C. FOXP2 as a molecular window into speech and language. Trends Genet, 25:166-177, 2009.

Lai, CS, Fisher, SE, Hurst, JA, Vargha-Khadem, F, Monaco, AP. A forkhead-domain gene is mutated in a severe speech and language disorder. Nature,

300

413:519-523, 2001.

Enard, W et al. A humanized version of Foxp2 affects cortico-basal ganglia circuits in mice. Cell, 137:961-971, 2009.

Lieberman, P. FOXP2 and Human Cognition. Cell, 137:800-802, 2009.

Kay, P, Kempton, W. What is the Sapir–Whorf hypothesis? Am Anthropol, 86:65–79, 1984.

Winawer, J, Witthoft, N, Frank, MC, Wu, L, Wade, AR, Boroditsky, L. Russian blues reveal effects of language on color discrimination. Proc Natl Acad Sci U S A, 104:7780-7785, 2007.

Tan, LH, Chan, AH, Kay, P, Khong, PL, Yip, LK, Luke, KK. Language affects patterns of brain activation associated with perceptual decision. Proc Natl Acad Sci U S A, 105:4004-4009, 2008.

Barrett, LF, Lindquist, KA, Gendron, M. Language as context for the perception of emotion. Trends Cogn Sci, 11:327-332, 2007.

Rapp, AM, Leube, DT, Erb, M, Grodd, W, Kircher, TT. Neural correlates of metaphor processing. Brain Res Cogn Brain Res, 20:395-402, 2004.

Bottini, G, Corcoran, R, Sterzi, R, Paulesu, E, Schenone, P, Scarpa, P, Frackowiak, RS, Frith, CD. The role of the right hemisphere in the interpretation of figurative aspects of language. A positron emission tomography activation study. Brain, 117:1241-1253, 1994.

Shammi, P, Stuss, DT. Humour appreciation: a role of the right frontal lobe. Brain, 122:657-666, 1999.

Lehman Blake, M. Affective language and humor appreciation after right hemisphere brain damage. Semin Speech Lang, 24:107-119, 2003.

Azim, E, Mobbs, D, Jo, B, Menon, V, Reiss, AL. Sex differences in brain activation elicited by humor. Proc Natl Acad Sci U S A, 102:16496-16501, 2005.

Mobbs, D, Greicius, MD, Abdel-Azim, E, Menon, V, Reiss, AL. Humor modulates the mesolimbic reward centers. Neuron, 40:1041-1048, 2003.

Mobbs, D, Hagan, CC, Azim, E, Menon, V, Reiss, AL. Personality predicts activity in reward and emotional regions associated with humor. Proc Natl Acad Sci U S A, 102:16502-16506, 2005.

▷ '꼴좋다'라는 마음은 어디에서 생겨날까?

King-Casas, B, Tomlin, D, Anen, C, Camerer, CF, Quartz, SR, Montague, PR.

Getting to know you: reputation and trust in a two-person economic exchange. Science, 308:78-83, 2005.

Singer, T, Seymour, B, O'Doherty, JP, Stephan, KE, Dolan, RJ, Frith, CD. Empathic neural responses are modulated by the perceived fairness of others. Nature, 439:466-469, 2006.

Raby, CR, Alexis, DM, Dickinson, A, Clayton, NS. Planning for the future by western scrub-jays. Nature, 445:919-921, 2007.

Moriguchi, Y, Decety, J, Ohnishi, T, Maeda, M, Mori, T, Nemoto, K, Matsuda, H, Komaki, G. Empathy and judging other's pain: an fMRI study of alexithymia. Cereb Cortex, 17:2223-2234, 2007.

Ogino, Y, Nemoto, H, Inui, K, Saito, S, Kakigi, R, Goto, F. Inner experience of pain: imagination of pain while viewing images showing painful events forms subjective pain representation in human brain. Cereb Cortex, 17:1139-1146, 2007.

Lount, RB, Jr. The impact of positive mood on trust in interpersonal and intergroup interactions. J Pers Soc Psychol, 98:420-433, 2010.

▷ 나이가 들수록 행복해지는 과학적 이유

Stone, AA, Schwartz, JE, Broderick, JE, Deaton, A. A snapshot of the age distribution of psychological well-being in the United States. Proc Natl Acad Sci U S A, 107:9985-9990, 2010.

Wood, S, Kisley, MA. The negativity bias is eliminated in older adults: age-related reduction in event-related brain potentials associated with evaluative categorization. Psychol Aging, 21:815-820, 2006.

Kisley, MA, Wood, S, Burrows, CL. Looking at the sunny side of life: age-related change in an event-related potential measure of the negativity bias. Psychol Sci, 18:838-843, 2007.

Mather, M, Canli, T, English, T, Whitfield, S, Wais, P, Ochsner, K, Gabrieli, JD, Carstensen, LL. Amygdala responses to emotionally valenced stimuli in older and younger adults. Psychol Sci, 15:259-263, 2004.

Samanez-Larkin, GR, Gibbs, SE, Khanna, K, Nielsen, L, Carstensen, LL, Knutson, B. Anticipation of monetary gain but not loss in healthy older adults. Nat Neurosci, 10:787-791, 2007.

▷ 사랑의 힘은 정말 존재할까?

Siman-Tov, T, Mendelsohn, A, Schonberg, T, Avidan, G, Podlipsky, I, Pessoa, L, Gadoth, N, Ungerleider, LG, Hendler, T. Bihemispheric leftward bias in a visuospatial attention-related network. J Neurosci, 27:11271-11278, 2007.

Diekamp, B, Regolin, L, Gunturkun, O, Vallortigara, G. A left-sided visuospatial bias in birds. Curr Biol, 15:R372-373, 2005.

Ortigue, S, Bianchi-Demicheli, F, Hamilton, AF, Grafton, ST. The neural basis of love as a subliminal prime: an event-related functional magnetic resonance imaging study. J Cogn Neurosci, 19:1218-1230, 2007.

Arai, JA, Li, S, Hartley, DM, Feig, LA. Transgenerational rescue of a genetic defect in long-term potentiation and memory formation by juvenile enrichment. J Neurosci, 29:1496-1502, 2009.

PART 3. 뇌를 내 편으로 만들기

▷ 뇌가 크면 클수록 똑똑할까?

Calder, WA. Size, function and life history. Harvard University Press, 1984.

Narr, KL, Woods, RP, Thompson, PM, Szeszko, P, Robinson, D, Dimtcheva, T, Gurbani, M, Toga, AW, Bilder, RM. Relationships between IQ and regional cortical gray matter thickness in healthy adults. Cereb Cortex, 17:2163-2171, 2007.

Shaw, P, Greenstein, D, Lerch, J, Clasen, L, Lenroot, R, Gogtay, N, Evans, A, Rapoport, J, Giedd, J. Intellectual ability and cortical development in children and adolescents. Nature, 440:676-679, 2006.

Hillman, CH, Erickson, KI, Kramer, AF. Be smart, exercise your heart: exercise effects on brain and cognition. Nat Rev Neurosci, 9:58-65, 2008.

California Department of Education. California physical fitness test: Report to the governor and legislature. Sacramento, California. Department of Education Standards and Assessment Division. 2001.

Hawkins, HL, Kramer, AF, Capaldi, D. Aging, exercise, and attention. Psychol Aging, 7:643-653, 1992.

Centers for Disease Control and Prevention. Prevalence of physical activity, including lifestyle activities among adults. Morb Mort Weekly Report, 52:764–769, 2003.

Katzmarzyk, PT, Gledhill, N, Shephard, RJ. The economic burden of physical inactivity in Canada. Can Med Assoc J, 163:1435–1440, 2000.

▷ 도둑맞은 집중력을 되찾는 방법

Lutz, A, Greischar, LL, Rawlings, NB, Ricard, M, Davidson, RJ. Long-term meditators self-induce high-amplitude gamma synchrony during mental practice. Proc Natl Acad Sci U S A, 101:16369-16373, 2004.

Brefczynski-Lewis, JA, Lutz, A, Schaefer, HS, Levinson, DB, Davidson, RJ. Neural correlates of attentional expertise in long-term meditation practitioners. Proc Natl Acad Sci U S A, 104:11483-11488, 2007.

Tang, YY, Ma, Y, Wang, J, Fan, Y, Feng, S, Lu, Q, Yu, Q, Sui, D, Rothbart, MK, Fan, M, Posner, MI. Short-term meditation training improves attention and self-regulation. Proc Natl Acad Sci U S A, 104:17152-17156, 2007.

Tang, YY, Ma, Y, Fan, Y, Feng, H, Wang, J, Feng, S, Lu, Q, Hu, B, Lin, Y, Li, J, Zhang, Y, Wang, Y, Zhou, L, Fan, M. Central and autonomic nervous system interaction is altered by short-term meditation. Proc Natl Acad Sci U S A, 106:8865-8870, 2009.

Szpunar, KK, Watson, JM, McDermott, KB. Neural substrates of envisioning the future. Proc Natl Acad Sci U S A, 104:642-647, 2007.

Addis, DR, Wong, AT, Schacter, DL. Remembering the past and imagining the future: common and distinct neural substrates during event construction and elaboration. Neuropsychologia, 45:1363-1377, 2007.

Hassabis, D, Kumaran, D, Vann, SD, Maguire, EA. Patients with hippocampal amnesia cannot imagine new experiences. Proc Natl Acad Sci U S A, 104:1726-1731, 2007.

▷ 웃으면 복이 온다는 말이 사실인 이유

Isen, AM, Daubman, KA, Nowicki, GP. Positive affect facilitates creative problem solving. J Pers Soc Psychol, 52:1122-1131, 1987.

Lee, AY, Sternthal, B. The effects of positive mood on memory. J Consumer Res, 26:115-127, 1999.

Ashby, GF, Valentin, VV, Turken, U. The effects of positive affect and arousal on working memory and executive attention. Emotional cognition: from brain to behaviour, :245–287, 2002.

Wiswede, D, Munte, TF, Kramer, UM, Russeler, J. Embodied emotion modulates neural signature of performance monitoring. PLoS One, 4:e5754, 2009.

Strack, F, Martin, LL, Stepper, S. Inhibiting and facilitating conditions of the human smile: a nonobtrusive test of the facial feedback hypothesis. J Pers Soc Psychol, 54:768-777, 1988.

Havas, DA, Glenberg, AM, Rinck, M. Emotion simulation during language comprehension. Psychon Bull Rev, 14:436-441, 2007.

Neal, DT. Embodied emotion perception: amplifying and dampening facial feedback modulates emotion perception accuracy. Soc Psychol Personal Sci, 2:673-673, 2011.

Paukner, A, Suomi, SJ, Visalberghi, E, Ferrari, PF. Capuchin monkeys display affiliation toward humans who imitate them. Science, 325:880-883, 2009.

Niedenthal, PM. Embodying emotion. Science, 316:1002-1005, 2007.

Susskind, JM, Lee, DH, Cusi, A, Feiman, R, Grabski, W, Anderson, AK. Expressing fear enhances sensory acquisition. Nat Neurosci, 11:843-850, 2008.

Brinol, P, Petty, RE, Wagner, B. Body posture effects on self-evaluation: A self-validation approach cartoons. Eur J Soc Psychol, 39:1053-1064, 2009.

Chapman, HA, Kim, DA, Susskind, JM, Anderson, AK. In bad taste: evidence for the oral origins of moral disgust. Science, 323:1222-1226, 2009.

▷ 불안해서 땀을 흘리면 동정심이 유발된다

Prehn-Kristensen, A, Wiesner, C, Bergmann, TO, Wolff, S, Jansen, O, Mehdorn, HM, Ferstl, R, Pause, BM. Induction of empathy by the smell of anxiety. PLoS One, 4:e5987, 2009.

Lundstrom, JN, Boyle, JA, Zatorre, RJ, Jones-Gotman, M. The neuronal substrates of human olfactory based kin recognition. Hum Brain Mapp, 30:2571-2580, 2009.

Marazziti, D, Torri, P, Baroni, S, Dell'Osso, MC, Consoli, G, Boncinelli, V. Is androstadienone a putative human pheromone? Curr Med Chem, 18:1213-1219, 2011.

Zhou, W, Chen, D. Encoding human sexual chemosensory cues in the orbitofrontal and fusiform cortices. J Neurosci, 28:14416-14421, 2008.

Herz, RS. Aromatherapy facts and fictions: a scientific analysis of olfactory effects on mood, physiology and behavior. Int J Neurosci, 119:263-290, 2009.

Lehrner, J, Eckersberger, C, Walla, P, Potsch, G, Deecke, L. Ambient odor of orange in a dental office reduces anxiety and improves mood in female patients. Physiol Behav, 71:83-86, 2000.

Baron, RA. The sweet smell of helping: effects of pleasant ambient fragrance on prosocial behavior in shopping malls. PErs Soc Psychol Bull, 23:498-503, 1997.

Seo, HS, Hirano, M, Shibato, J, Rakwal, R, Hwang, IK, Masuo, Y. Effects of coffee bean aroma on the rat brain stressed by sleep deprivation: a selected transcript- and 2D gel-based proteome analysis. J Agric Food Chem, 56:4665-4673, 2008.

▷ 따뜻한 커피와 따뜻한 성격의 상관관계

Ludwig, VU, Adachi, I, Matsuzawa, T. Visuoauditory mappings between high luminance and high pitch are shared by chimpanzees (Pan troglodytes) and humans. Proc Natl Acad Sci U S A, 108:20661-20665, 2011.

Williams, LE, Bargh, JA. Experiencing physical warmth promotes interpersonal warmth. Science, 322:606-607, 2008.

Hill, RA, Barton, RA. Red enhances human performance in contests. Nature, 435:293, 2005.

Rowe, C, Harris, JM, Roberts, SC. Sporting contests: seeing red? Putting sportswear in context. Nature, 437:E10; discussion E10-11, 2005.

Maier, MA, Elliot, AJ, Lichtenfeld, S. Mediation of the negative effect of red on intellectual performance. PErs Soc Psychol Bull, 34:1530-1540, 2008.

Elliot, AJ, Maier, MA, Moller, AC, Friedman, R, Meinhardt, J. Color and psychological functioning: the effect of red on performance attainment. J Exp Psychol Gen, 136:154-168, 2007.

Hatta, TI, Yoshida, H, Kawakami, A, Okamoto, M. Color of computer display frame in work performance, mood, and physiological response. Percept Mot Skills, 94:39-46, 2002.

Soldat, AS, Sinclair, RC, Mark, MM. Color as an environmental processing cue: External affective cues can directly affect processing strategy without affecting mood. Soc Cognit, 15:55-71, 1997.

Mehta, R, Zhu, RJ. Blue or red? Exploring the effect of color on cognitive task performances. Science, 323:1226-1229, 2009.

▷ 음치일수록 공간지각능력이 떨어진다

Analyzing the auditory scene. Nat Neurosci, 1:333, 1998.

Kuhl, PK. Human adults and human infants show a "perceptual magnet effect" for the prototypes of speech categories, monkeys do not. Percept Psychophys, 50:93-107, 1991.

Kuhl, PK, Williams, KA, Lacerda, F, Stevens, KN, Lindblom, B. Linguistic experience alters phonetic perception in infants by 6 months of age. Science, 255:606-608, 1992.

Weikum, WM, Vouloumanos, A, Navarra, J, Soto-Faraco, S, Sebastian-Galles, N, Werker, JF. Visual language discrimination in infancy. Science, 316:1159, 2007.

Pena, M, Maki, A, Kovacic, D, Dehaene-Lambertz, G, Koizumi, H, Bouquet, F, Mehler, J. Sounds and silence: an optical topography study of language recognition at birth. Proc Natl Acad Sci U S A, 100:11702-11705, 2003.

Douglas, KM, Bilkey, DK. Amusia is associated with deficits in spatial processing. Nat Neurosci, 10:915-921, 2007.

Sloboda, JA, Wise, KJ, Peretz, I. Quantifying tone deafness in the general population. Ann N Y Acad Sci, 1060:255-261, 2005.

Drayna, D, Manichaikul, A, de Lange, M, Snieder, H, Spector, T. Genetic correlates of musical pitch recognition in humans. Science, 291:1969-1972, 2001.

Peretz, I, Champod, AS, Hyde, K. Varieties of musical disorders. The Montreal Battery of Evaluation of Amusia. Ann N Y Acad Sci, 999:58-75, 2003.

Peretz, I, Ayotte, J, Zatorre, RJ, Mehler, J, Ahad, P, Penhune, VB, Jutras, B. Congenital amusia: a disorder of fine-grained pitch discrimination. Neuron, 33:185-191, 2002.

Ayotte, J, Peretz, I, Hyde, K. Congenital amusia: a group study of adults afflicted with a music-specific disorder. Brain, 125:238-251, 2002.

Rusconi, E, Kwan, B, Giordano, BL, Umilta, C, Butterworth, B. Spatial representation of pitch height: the SMARC effect. Cognition, 99:113-129, 2006.

Zatorre, RJ, Krumhansl, CL. Mental models and musical minds. Science, 298:2138-2139, 2002.

Tymoczko, D. The geometry of musical chords. Science, 313:72-74, 2006.

Sluming, V, Brooks, J, Howard, M, Downes, JJ, Roberts, N. Broca's area supports enhanced visuospatial cognition in orchestral musicians. J Neurosci, 27:3799-3806, 2007.

▷ 나라는 존재를 타인처럼 바라보는 법

Gibson, DG, Glass, JI, Lartigue, C, Noskov, VN, Chuang, RY, Algire, MA, Benders, GA, Montague, MG, Ma, L, Moodie, MM, Merryman, C, Vashee, S, Krishnakumar, R, Assad-Garcia, N, Andrews-Pfannkoch, C, Denisova, EA, Young, L, Qi, ZQ, Segall-Shapiro, TH, Calvey, CH, Parmar, PP, Hutchison, CA, 3rd, Smith, HO, Venter, JC. Creation of a bacterial cell controlled by a chemically synthesized genome. Science, 329:52-56, 2010.

Fraser, CM, Gocayne, JD, White, O, Adams, MD, Clayton, RA, Fleischmann, RD, Bult, CJ, Kerlavage, AR, Sutton, G, Kelley, JM, Fritchman, RD, Weidman, JF, Small, KV, Sandusky, M, Fuhrmann, J, Nguyen, D, Utterback, TR, Saudek, DM, Phillips, CA, Merrick, JM, Tomb, JF, Dougherty, BA, Bott, KF, Hu, PC, Lucier, TS, Peterson, SN, Smith, HO, Hutchison, CA, 3rd, Venter, JC. The minimal gene complement of Mycoplasma genitalium. Science, 270:397-403, 1995.

God and the Brain: Is Belief a Psychological Condition? A collection of grest articles on the subject. Atheist Empire, 1997.

Persinger, MA. Religious and mystical experiences as artifacts of temporal lobe function: a general hypothesis. Percept Mot Skills, 57:1255-1262, 1983.

St-Pierre, LS, Persinger, MA. Experimental facilitation of the sensed presence is predicted by the specific patterns of the applied magnetic fields, not by suggestibility: re-analyses of 19 experiments. Int J Neurosci, 116:1079-1096, 2006.

Ogata, A, Miyakawa, T. Religious experiences in epileptic patients with a focus on ictus-related episodes. Psychiatry Clin Neurosci, 52:321-325, 1998.

Koenig, H, McCullough, M, Larson, D. Handbook of religion and health. Oxford University Press, 2001.

Norenzayan, A, Shariff, AF. The origin and evolution of religious prosociality. Science, 322:58-62, 2008.

Epley, N, Converse, BA, Delbosc, A, Monteleone, GA, Cacioppo, JT. Believers' estimates of God's beliefs are more egocentric than estimates of other people's beliefs. Proc Natl Acad Sci U S A, 106:21533-21538, 2009.

Spiegel, D. Mesmer minus magic: hypnosis and modern medicine. Int J Clin Exp Hypn, 50:397-406, 2002.

Raz, A, Fan, J, Posner, MI. Hypnotic suggestion reduces conflict in the human brain. Proc Natl Acad Sci U S A, 102:9978-9983, 2005.

Mendelsohn, A, Chalamish, Y, Solomonovich, A, Dudai, Y. Mesmerizing memories: brain substrates of episodic memory suppression in posthypnotic amnesia. Neuron, 57:159-170, 2008.

Amsterdam, B. Mirror self-image reactions before age two. Dev Psychobiol, 5:297-305, 1972.

Uddin, LQ, Molnar-Szakacs, I, Zaidel, E, Iacoboni, M. rTMS to the right inferior parietal lobule disrupts self-other discrimination. Soc Cogn Affect Neurosci, 1:65-71, 2006.

Arzy, S, Seeck, M, Ortigue, S, Spinelli, L, Blanke, O. Induction of an illusory shadow person. Nature, 443:287, 2006.

Blanke, O, Ortigue, S, Landis, T, Seeck, M. Stimulating illusory own-body perceptions. Nature, 419:269-270, 2002.

▷ 딴짓 실컷 하면서도 성과 좋은 사람 특징

He, Y, Jones, CR, Fujiki, N, Xu, Y, Guo, B, Holder, JL, Jr., Rossner, MJ, Nishino, S, Fu, YH. The transcriptional repressor DEC2 regulates sleep length in mammals. Science, 325:866-870, 2009.

Wallas, G. The Art of Thought. Harcourt Brace, 1962.

Cai, DJ, Mednick, SA, Harrison, EM, Kanady, JC, Mednick, SC. REM, not incubation, improves creativity by priming associative networks. Proc Natl Acad Sci U S A, 106:10130-10134, 2009.

Brawn, TP, Fenn, KM, Nusbaum, HC, Margoliash, D. Consolidation of sensorimotor learning during sleep. Learn Mem, 15:815-819, 2008.

Litman, L, Davachi, L. Distributed learning enhances relational memory consolidation. Learn Mem, 15:711-716, 2008.

Marshall, L, Helgadottir, H, Molle, M, Born, J. Boosting slow oscillations during sleep potentiates memory. Nature, 444:610-613, 2006.

Rasch, B, Buchel, C, Gais, S, Born, J. Odor cues during slow-wave sleep prompt declarative memory consolidation. Science, 315:1426-1429, 2007.

▷ 일단 몸이 움직이면 마음은 따라온다

Eisenberger, NI, Lieberman, MD, Williams, KD. Does rejection hurt? An FMRI study of social exclusion. Science, 302:290-292, 2003.

Knops, A, Thirion, B, Hubbard, EM, Michel, V, Dehaene, S. Recruitment of an area involved in eye movements during mental arithmetic. Science, 324:1583-1585, 2009.

Dehaene, S, Cohen, L. Cultural recycling of cortical maps. Neuron, 56:384-398, 2007.

Green, CS, Bavelier, D. Action video game modifies visual selective attention. Nature, 423:534-537, 2003.

Krupa, DJ, Wiest, MC, Shuler, MG, Laubach, M, Nicolelis, MA. Layer-specific somatosensory cortical activation during active tactile discrimination. Science, 304:1989-1992, 2004.

나답게 살고 싶어서
뇌과학을 읽습니다

옮긴이 김현정

이화여자대학교에서 법학을 전공하고 동 대학교 통번역대학원에서 한일통역학 석사 학위를 받았다. 그 후 동북아연합(NEAR)에서 일본전문위원으로 근무하다가, 과감히 사표를 던지고 현재 바른번역 소속 번역가로 활동 중이다. 좋은 책을 한 권이라도 더 소개하고 싶다는 마음으로 출판기획 및 번역을 진행하고 있다. 역서로는 『정의중독』, 『선생님, 저 우울증인가요?』, 『구마 겐고 건축 산책』, 『불멸의 과학책』, 『이토록 재밌는 화학 이야기』, 『100년 무릎』, 『살 빠지는 뇌』, 『0~4세 뇌과학자 아빠의 두뇌 발달 육아법』 등이 있다.

나답게
살고 싶어서

뇌과학을
읽습니다

초판 2쇄 발행 2025년 5월 8일

지은이 이케가야 유지
옮긴이 김현정
펴낸이 김선준

편집이사 서선행
책임편집 이주영 편집1팀 천혜진
디자인 김세민
마케팅팀 권두리, 이진규, 신동빈
홍보팀 조아란, 장태수, 이은정, 권희, 박미정, 조문정, 이건희, 박지훈, 송수연, 김수빈
경영지원 송현주, 윤이경, 정수연

펴낸곳 ㈜콘텐츠그룹 포레스트 출판등록 2021년 4월 16일 제2021 - 000079호
주소 서울시 영등포구 여의대로 108 파크원타워1 28층
전화 02)332 - 5855 팩스 070)4170 - 4865
홈페이지 www.forestbooks.co.kr
종이 ㈜월드페이퍼 출력·인쇄·후가공 더블비 제본 책공감

ISBN 979-11-94530-23-7 (03180)